演讲的细节

让表达成为影响力

[美]

戴晓雪 ○ 著

机械工业出版社
CHINA MACHINE PRESS

随着中国企业国际化，中国企业家和经理人对于商务演讲技巧和国际商务礼仪知识的需求越来越迫切。本书作者戴晓雪博士在哈佛大学任教多年，是公共演讲领域的先驱者、《财富》杂志（中文版）特约专栏作家。作为资深 CEO 演讲教练和商务礼仪领域专家，她为众多知名企业高管和商学院提供演讲与礼仪教练服务。本书以一场成功演讲的流程为逻辑线展开叙述，分为演讲构思、亮点设计、气场管理三个部分，方法论和案例兼备，浓缩了作者多年的实践辅导经验。这堂来自哈佛大学的演讲课，适合每一位想要提升个人演讲力的读者。

北京市版权局著作权合同登记　图字 01-2022-7088 号。

图书在版编目（CIP）数据

演讲的细节：让表达成为影响力 /（美）戴晓雪著 . —北京：机械工业出版社，2023.7

ISBN 978-7-111-73256-3

Ⅰ.①演… Ⅱ.①戴… Ⅲ.①商务 – 演讲 – 语言艺术　Ⅳ.①F7 ② H019

中国国家版本馆 CIP 数据核字（2023）第 113903 号

机械工业出版社（北京市百万庄大街22号　邮政编码100037）
策划编辑：秦　诗　　　　　　责任编辑：秦　诗　单元花
责任校对：梁　园　张　薇　　责任印制：刘　媛
涿州市京南印刷厂印刷
2023 年 8 月第 1 版第 1 次印刷
147mm×210mm·8.25 印张·1 插页·132千字
标准书号：ISBN 978-7-111-73256-3
定价：69.00元

电话服务　　　　　　　　网络服务

客服电话：010-88361066　机　工　官　网：www.cmpbook.com
　　　　　010-88379833　机　工　官　博：weibo.com/cmp1952
　　　　　010-68326294　金　书　网：www.golden-book.com
封底无防伪标均为盗版　　机工教育服务网：www.cmpedu.com

献给我的父亲，
我人生的第一位听众和老师

赞 誉

戴晓雪博士是著名的演讲和商务礼仪专家，在我担任阿拉善 SEE 生态协会会长期间，曾有幸邀请到她给我们的会员做关于演讲的报告，帮助大家提升演讲能力。她授课生动清晰，一堂课就是一场精彩的演讲。本书是戴博士将其数十年来的精心之作系统梳理、整合、迭代而成的。全书涵盖了如何进行演讲构思、亮点设计以及打造演讲者的气场等内容。这是一本全面、实操性强的演讲类图书，适合每一位正在努力将表达构建成自身影响力的读者。

阅读本书，整个过程如同与戴博士进行面对面交谈，在轻松的氛围中学到演讲知识。当今社会，无论你从事何种职业，都需要成为一个好的演讲者。无论你是学生、职场人士，还是政府工作人员，在面对升学面试、晋升竞选、向民众做报告时，演讲都已成为一项必不可少的技能。阅读《演讲的细节》，让我们跟着戴博士学习如何提升自己的演讲能力，打造一场精彩的演讲。

——艾路明，当代集团董事长

　　企业家的领导力单纯靠硬性的命令不行了，更多要靠柔性的影响。而柔性影响力很大程度上取决于演讲能力、沟通能力。本书把演讲技巧分解得非常详细并清晰易懂，对提升演讲能力很有帮助。

——陈湖雄，晨光文具总裁

　　变化莫测的商业环境一直在挑战企业的竞争力，而企业领导者的能力是企业持续提升竞争力的原动力。演讲作为企业领导者最核心的能力之一，该用什么样的形式、什么样的内容来赋能演讲？在这本书里，我看到了解法。戴老师将数十年演讲的实践、经验、感悟、心得尽数凝结于本书，每一个故事、每一个场景都在呈现一类洞察、交付一类方法、解决一类问题。戴老师洞悉听众的兴趣点，她从来不是单向输出，而是能够因地制宜、因人施教，让你学精演讲的同时，还能保持个人风格。这本书既有心法，又有招式，大道至简，生动形象，让人欲罢不能。

——冯刘，玛氏箭牌中国区总裁

　　初遇戴晓雪老师是在早年间上海的青年即兴演讲比赛上（我们同获一等奖），她出众的才华与优雅的气质，令所有人印象至深。此后她专注于演讲艺术与领导力的实践、研究和教学，成为享誉国内外的专家。《演讲的细节》是戴老师长期探索的结晶，深入细致地阐述了演讲所面对的各个场景及过程，将她的思考、经验和大量实例分析融为一体，充满真知灼见，读来妙趣横生，而且具有很强的实践效用，值得每一位有志于提升演讲技艺与影响力的读者阅读。

——刘擎，华东师范大学教授

演讲作为一门技能，具有改变世界的力量，也是未来领导者必备的素质。戴老师的书融汇了她数十年作为演讲教练的经验，对演讲中的"演"和"讲"进行了全面的剖析，从演讲选题到舞台呈现，逐一拆解演讲中各个环节的技巧，全面而精练，即学即用。本书值得反复阅读，跟着书中提到的技巧刻意练习，就能够抓住每一个走上舞台的机会；本书能帮助读者全面建立起演讲框架，做到知行合一。戴老师一直在为 TEDx 演讲者们做指导，使演讲者们持续收获成功和掌声。相信你也一定可以在舞台的聚光灯下绽放属于自己的光芒。

——马梦佳，TEDx 策展人

只有坐在领导岗位上的人，才知道"会演讲"有多重要。施展领导力最重要的方法就是沟通，尤其是在大庭广众下以演讲的方式沟通，这将决定你在人们心中的分量——你能抓住多少人的心，就能让多少人跟随你。

什么是好的演讲？我认为首先需要好的思想，这是演讲的"真身"，但仅有思想还不够，就像一个人的魅力不仅来自身体，还来自衣着、气质、举止和修养。所以，好的演讲还要有好的构思，要设计亮点，要训练表达，要管理气场。就像淑女在出门前要精心打扮一样，领导者在演讲前也要精心准备，否则，演讲就很容易变成一次可怕的体验。

如何才能准备一场好的演讲？戴晓雪老师《演讲的细节》这本书，能帮你迅速掌握要领。它内容全面、细节翔实，对演讲初学者来说，只要按图索骥地学习和准备，就能得到令人耳目一新的演讲效果。本书由戴老师的专栏文章结集而成，篇篇独立，随手翻阅都开卷有益，令人爱不释手。

——吴强，伟事达中国区执行合伙人

百战归来再读书。此书特别适合有些演讲经历与体验的人：结合书中所述不断审视过往，体会个中滋味，或因久久揣摩不解的某个结被作者轻敲而醍醐灌顶，或因自己的实践与书中的观点一致而暗喜。此书亦可视为作者的一篇长篇演讲，书中阐述的丰富心法、设计与技巧，让你在阅读中轻松学到并知晓如何运用。读到就能学到，学到就会得到！我每当读到好的有养分的书时，就有跃跃欲试的冲动，去甄别、去厘清、去尝试。我已迫不及待！在流苏灯罩辟出的清雅光影下，听戴老师娓娓点拨，在忙忙碌碌中春诵夏弦，三余读书。

——吴冬梅，戴尔科技集团全球资深副总裁、法国里昂商学院客座教授

前　言

写给先胜一筹的你

来，跟上这个时代

这是一个充满无限机会与红利的时代，但它并不是面向每一个人的。这个时代奖励的是那些做好准备的少数人，其中一个强有力的准备便是演讲能力。这个时代对演讲者充满了善意。

数十年来，我曾经给北大、清华、复旦、上海交大等的 EMBA 及伟事达、领教工坊、正和岛等企业的企业家小组上课，给企业 CEO 当个人演讲教练，也在 TEDx[⊖]担任演讲教练。我的教练对象有一些是著名企业的管理

　　⊖　TEDx 即 TED（Technology，Entertainment，Design 的缩写，是美国一家私有非营利机构，以组织 TED 大会著称）旗下的组织，旨在鼓励全球的 TED 粉丝自发组织 TED 风格的活动。其形式与 TED 基本一致，邀请一些有趣、有思想、想法奇特的人来做 18 分钟以内的演讲。

者或商界领导者，他们常接受电视台和著名媒体采访，不仅要在"亚布力中国企业家论坛""财富论坛"等重要论坛上发言，还要在国际上与其他商界领袖级人物交流或同台演讲。我们常常看到他们在话筒前能够侃侃而谈，其实他们当中并不是每一个人都拥有与生俱来的演讲天赋的。我曾辅导过一位说话不自信，甚至不愿意站在台前的客户，他在受到系统训练后，被欧洲某大国财政部长称为"演讲天才"；还有一位我的执教对象，视频登上了美国纽约时报广场的大屏幕。在那些被微信传来的喜讯唤醒的清晨，当看到他们发来的这些好消息时，我感到无比高兴。借用演讲的力量，他们不再因言语木讷而自卑，他们的言行举止越来越国际化，他们的知名度更上一层楼，他们的事业天地更加广阔。在这些企业家身上，我看到了一种敢于自我挑战、坚韧不拔的精神。我更看到了他们紧扣时代的脉搏，让自己的声音更有力量，进而与这个时代一同进化。我们会看到，拥有演讲能力的人，在这个时代将频频闪光。

弯路是人生最大的浪费

这个时代从不缺少埋头苦干的人，他们常常低头做事，却忘了抬头看天，当最终发现事倍功半时，只能黯然长叹。没有人能保证一辈子不走弯路，但我希望在演讲这件事上，你可以在一开始就拿到全景图，按图索骥，不走弯路，一往无前。

1992年，我来到美国，听了不同老师上的演讲课，还特别关注和体验了美国演讲教学的不同方式——实践派和理论派。例如，美国某大学，老师使用的教材和教学风格各成体系。南部来的老师会让选修演讲课的学生在校园里用大喇叭练习宣讲，北部来的老师则让学生在课堂上锻炼口才。在美国，演讲学习从娃娃抓起，即便当上了经理人、企业家，他们还在不断修炼自己的口才，因为口才关系到领导力和领袖魅力。因此，CEO、经理们下班后还要去大学夜校上课。美国也有民间免费的"课堂"，如国际演讲会（Toastmasters International）向所有人开放，演讲成了人们终身学习的课程。在哈佛大学，到处有演讲，到处有报告，名人讲坛都对学生和老师开放，各界精英、诺贝尔奖获得者都爱去那儿做演讲。哈佛大学每年的毕业典礼更是热闹，主题演讲嘉宾不仅对世界做出了杰出贡献，他们的口才也同样令人敬佩不已。哈佛大学的宗旨是培养对世界有影响力的人。在这个被誉为全球精英学生聚集之地，学生们因学校培养而大获其益。在课堂上或其他场合，他们总是争取发言机会，因为他们深谙语言魅力是一个成功人士必备的能力。我受邀在哈佛大学商学院给中国企业家上过几次演讲课。他们到了美国，才发现在国际交流的舞台上，即使英语过关了，但演讲能力不过关，演讲时也会像茶壶里煮饺子——有嘴倒不出，所以他们迫切想补上这一课。

在这里，我想说的是：如果你想成为一名有影响力的人，那么演讲将是你的必经之路。当能力支撑不了梦想的时候，所有的路都是弯路。所以，打造你的演讲能力是一个必选项。

演讲究竟是什么

在写作本书的过程中，我反复思考"演讲"这个词，我越琢磨就越发现它不是一个动作，不是一类知识，更不是一种主张。它是一个动态的过程，至少包含三种要素：

（1）你得愿意表达，你得有好多观点或想法要传递给这个世界。

（2）赋予你要传递的思想以价值，让你的听众能够成为更好的自己。

（3）清晰、生动、有力地呈现，让你的表达成为影响力。

在这个世界，有太多这样的故事，从古代君王到现代商界精英，从人类思想的巨擘到当今某些领域的"大咖"，甚至在你身边，只要稍稍留意，就能发现有太多人正在做着相同的事情——通过演讲让生活更加美好。

每一篇文章都让你看得懂、记得住、能实操

2013 年年初，我受邀为《财富》杂志（中文版）的"讲礼"（演讲与礼仪）专栏撰稿，我的写作灵感主要源于对客户和社会的观察，源于课堂中发现的问题，源于个人的经历。我把读者当作我的朋友。在写作时，我脑海中满是与读者促膝长谈的画面，探讨演讲应掌握哪些技巧与妙招。我希望他们看到这些文字时，就像与我在面对面地交谈。在外出旅行时，我也背着笔记本电脑，我要把在旅途中触发的每一点感触和顿悟都记录下来，生怕漏掉一丝转瞬即逝的闪念。

我尝试把故事、道理、实操揉碎了一起讲。我希望用最轻松的方式去讲那些严肃的问题。我想营造出那种像平时上课一样的场景，从听众出发，寓教于乐，让听

众学而不倦，用之即取。我就这样一篇一篇地写，一写就写了 10 年。恰巧，出书给了我一个机会，从头来看这些年写的文章，系统地将它们进行梳理、整合、迭代。我希望每一篇文章都让你看得懂、记得住、能实操，读起来不累，学起来简单。

致每一位拿起这本书的人

我在写每一篇文章的时候，都充满了对象感。所以，我自以为我是懂你的。我知道，你是会牢牢抓住时代的机遇不肯放手的人，你是会塑造和经营自己夯实人生的人，你是会用自己的思考和启发来超越知识本身的人。

正因为如此，当多数人还沉醉于埋头苦干时，正在将表达构建成自身影响力的你，已经先胜一筹！

目　录

第9章

好节奏

第一部分

关注你演讲的构思

从『想好』到『讲好』

第1章

好开场

1分钟抓住听众

你的开场白"放电"了吗

当你看到这个题目时，如果发出会心一笑，就说明你是一位有经验的演讲者。如果演讲的第一段话就让人眼前一亮，或让人瞬间产生联想，或在不动声色的叙述中隐藏着一种深邃的情感，让人满怀好奇，期待继续听下去。这意味着，你的开场白在"放电"。

不过我辅导的一些企业管理者，最初往往没有这种体会。这里摘录一段真实的发言：

"我今天好像没什么精神，下午喝了两杯咖啡也没起什么作用，现在头还晕晕乎乎的。这两天开会，我都坐在下面听大家的发言……"

尽管这位管理者说的句句都是大实话，但是他全然不知自己的演讲已经被这样的开场白给搅黄了。

大家都知道，糟糕的开场白等于白开场，但并不是每一位演讲者都能把握好开场白。成功的开场白至少应该发挥三个作用：拉近与听众的距离、抓住听众的注意力、建立与听众的信任。有很多不错的开场白形式，这里介绍几种简单易学的，或许能帮助你在下次演讲中大显身手。

1. 讲故事，打动人心

讲故事是人类一种古老的技能，也是符合人类心智的沟通方式之一。只要与演讲的主题有关，动人的故事人人爱听。不论哪种类型的演讲，以故事开篇都会给人留下深刻的印象。

我的一位客户和我说，公司开大会，年轻员工总爱抢后排座位，以便会议期间玩手机。他生气时，就会在大会开场时批评他们。结果台上怒火冲天，台下纹丝不动。后来，我们就开场白专门做了讨论和练习。一个月后，他进行了尝试。

"有个现象我发现很久了，只要开会，大家都爱抢后排的'宝座'，抢到的都是'武林高手'啊（笑声）！坐后排可能是我们的习惯或本能。我从小在农村长大，曾经也是这样的高手（笑声）。但我的父亲拿着棍棒给我立下规矩：'不管做什么事情都要力争一流，永远在别人前头，不能落后他人。就是坐公共汽车，你也要永远坐在前排！'老爸的这句话我一直记着。后来我做每一件事情，都用行动实践着'永远坐在前排'。"

那位客户叙述了自己过往的一段人生经历，一下子吸引住了员工，双方的感情距离立刻缩短了。当全场一片安静时，他提高了声调：

"在这个世界上，想坐前排的人不少，真正能够坐在'前排'的却总是不多。很多人之所以不能坐到'前排'，就是因为他们把'坐在前排'只是当成一种人生理想，而没有采取具体行动……"

比起先前凶巴巴的训斥，这样的开场显得得体、雅致、有分量，起到了"四两拨千斤"的效果。

古今中外，有交流沟通时，没有人会拒绝一个好故事。不过开场白故事既不能太长，又不能太复杂，要与主体内容快速衔接。

泰勒·本－沙哈尔（Tal Ben-Shahar）在哈佛大学开了"幸福学"的选修课后，名震全球。北京大学请他去做报告，他是这样开场的：

"非常高兴今天下午能到这里来演讲，人们都把哈佛大学称为北美的'北大'。对我来说，在享受了美食之后，美美地睡上一觉，是我最需要的。而偏偏在这个时候要做演讲，对我来说实在是一大挑战。如果你们睡着了，我也不会过去把你们叫醒，因为睡觉也是幸福的一个重要组成部分。我之所以会开设这门心理学课程，是因为曾经的我感觉非常不幸福……"

沙哈尔的开场白就像在家门口与邻居拉家常，让听众在情感上感觉舒坦。接着他借"兴"发挥，话锋一转，将开场白和他的"幸福课"主旨演讲做了"无缝对接"，实在巧妙。

我认识一位国内知名的教育专家，他的演讲常常在掌声中被要求"延时"。当我问及他的演讲秘籍时，他说："我的开场白常常是，'刚才，我在路上遇到一个人／一件事'，台下马上会安静下来，期待我开始演讲。"路上见闻及登台前遇到听众等，都是用故事开场的素材，把你最直观的感受表达出来，找到恰当的切入点。

2. 不吝赞美，拉近距离

上面提到沙哈尔一上来就说，"人们都把哈佛大学称为北美的'北大'"。在哈佛任教多年，我从来没有听到过这样的说法，但我猜北京大学的人一定乐意接受这种赞美。赞美是很容易打破人与人之间的坚冰的。

一位去麦当劳进行专场演讲的演讲者，开场白是这样的：

"每年，不知道有多少人吃过你们的汉堡，不过，我是少数几位能亲自跟你们道谢的人。谢谢你们每天提供给大家这么方便、快速的餐点和服务……"

看似寥寥数语，但演讲者用"赞美"挖掘听众的价值，创造了良好的演讲氛围。

要想博取听众的好感，即使老舍这样的名人也是屈己待人的：

"听了同志们发言，得到很大好处，可惜前两次没来，损失不小。……今天来的都是专家，我很怕说话，只好乱谈吧。"

老舍说自己"损失不小""乱谈"，如此"抑己扬人"的开场白，自然会获得听众的好感，使现场的气氛融洽，越自谦则人越信服。

演讲者在开场时说几句"直接赞美"的话，能给人带来舒适感、愉悦感。我有位客户，经常去不同的地方给企业家演讲，有时是即兴的，如何应对各种不同的情境？他寻找"地域优势"做开场白，结果屡试屡验。例如，去广西，可以从赞美山水到赞美人文情怀，再到赞美企业家精神；去四川，赞美大熊猫的存在是环境保护的典范……每到一地，他都会充分挖掘当地人引以为豪的优势和资源。这在对方看来是既自然又合情合理的，既能使对方坦然接受，又不会让对方感觉虚假。

"间接赞美"对方的方式也日渐得到了人们的重视。比如：

"在来这里演讲前，大会组织者一再叮嘱我，今天的参会者都是各路精英、大咖，让我一定要好好准备，不然会被轰下台的！"

这种描述自己听从告诫，小心翼翼、如履薄冰般地做足准备，能充分表现演讲者的诚恳之意，也达到了抬高对方的效果。赞美态度一定要真诚，要有分寸，不然极易事与愿违，对方非但不愿亲近你，甚至可能怀疑你的动机。因此，赞美也绝非一件易事。

3. 提出问题，点燃思考

提出有影响力的问题，是一种可靠的开场方式。

一位研究领导力的专家给企业家做演讲，他一走上台就提问："请问，您的企业今年贵庚？"听众回答"5岁"至"25岁"的都有。紧接着，他又盯着一位听众："您的企业还能活多久？""您的企业呢？"有的回答估计50年吧，有的说100年……他追问："凭什么？您凭什么这么说？"（听众愕然）演讲者选择用一连串的问句轰炸听众。

接着他说："据统计，美国中小企业的平均寿命不到7年，跨国公司为10～12年，而世界500强的企业平均寿命是40～42年。您的企业凭什么'万寿无疆'？"

这种霸道的"问题纠缠法"非常有效。这是一个精心设计的暗藏玄机、制造悬念、引发互动的问题，让这些企业家开始自我反省。

"在座的各位，你们都讲真话吗？"这是我曾在一次演讲比赛中，一上台便向听众抛出的问题。记得当时现场挤满了听众，但鸦雀无声。有人静静地看着我，有人默默低下头，我达到了目的，因为提出的问题吸引了听众的注意力。听众带着问题听讲，将促使他们一边迅速思考，一边留神倾听。不过提出的问题主旨不能太宽泛，应围绕核心主旨，饶有趣味。如果问题不痛不痒，反而极易弄巧成拙，失去这种开场白的优势。

4. 惊人的陈述，激发好奇

在电视剧《觉醒年代》中，辜鸿铭老先生在北大校园发表"中国人的精神"演讲：

"诸位同学，我知道你们在笑什么，笑我头上这根辫子，辫子有什么好笑的呀……只不过我们不同的是，我的辫子是有形的，顶在头上，你们的辫子是无形的，藏在心里。""我们中国人思想、性格，有很多的弱点。但是，在我们中国人身上，有其他任何民族都没有的，难以言喻的东西，那就是温良。温良，不是温顺，更不是懦弱。温良是一种力量，是一种同情和人类智慧的力量。我告诉你们一个秘密，我们中国人之所以有同情的力量，是因为我们完完全全、彻彻底底地生活在一种心灵的生活里。"

辜鸿铭老先生的演讲掷地有声、振聋发聩，在这一段演讲的开端语出惊人，让全场听众竖起耳朵，激发了所有人的好奇心。

要想激发听众的好奇心，有时还可以依靠有力的数据资料。南达科他州北部州立大学的希瑟·拉森（Heather Larsen）在"逆流而行"演讲中语出惊人：

"每 11 分钟就有一个美国人死于这种病。这个数量是死于谋杀犯罪案人数的两倍。今年有 4.6 万人死于这种病，而 8 年越南战争中的死亡人数也不过是这个数字。在近十年里，美国人死于这种病的人数是死于艾滋病（13.3 万人）的 3 倍。这种病将使你我和其他美国人今年在医疗费用上花费超过 60 亿美元，并失去劳动能力，更不用说我们所遭受到的其他生命损失了。我所说的患乳腺癌这种疾病的浪潮可能会直接袭击我们在座的每一个人。"

甲骨文的 CEO 拉里·埃里森（Larry Ellison）在耶鲁大学 2000 届毕业典礼上的演讲开场白是这样的：

"请你设想这样的情况：从现在起 5 年之后，10 年之后，或 30 年之后，今天站在你左边的这个人会是一个失败者；右边的这个人，同样，也是个失败者。而你，站在中间的人，你以为会怎样？同样是失败者。失败的经历，失败的优等生。"

这样一段开场白，言辞激烈，句句深入，剑指人心，一开始便将整个演讲推向了高潮。

作为一名卓越的演讲者，请第一句话就打破常规，让所有人的注意力瞬间集中到你这里来，这是为演讲开个好头。所以，不要羞涩，开场第一句话就"放电"吧！

别一开场就"自杀"

"好的开端是成功的一半"，这是一句老话。但在演讲中，如果你不把这句老话当回事儿，难免一上场就"砸锅"。一个精彩绝伦的开场，可以给听众留下良好的印象，为成功演讲打下坚实的基础，而以下几种开场方式显然在一开始就决定了演讲不会取得太好的效果：

1. 临时抱佛脚

"哎呀，我这几天没睡好觉，现在站在台上，头还是昏昏沉沉的，不知道讲什么好。因为要做总结发言，昨天我叫秘书做了77张PPT，我还没来得及看，现在我只好讲到哪儿算哪儿……"

此时的王总正在面对全国经销商合作伙伴讲话。他一点儿都不"装"，非常诚实，但是从第一分钟起，他就"脚踩西瓜皮"，把好端端的一场演讲送上了"绝路"。优秀的演讲者很少会选择在毫无准备的情况下进行演讲，

因为毫无准备的事情，毫无可能比有准备的事情干得漂
亮。不打无准备之仗应该是一名演讲者的基本素养。

2. 履历式

还有一种"履历式"的错误开场。人们喜欢开场就
迫不及待地介绍自己的学历、经历和公司发展史等：

> "我叫李××，我在20××年创立了××有限公
> 司，现担任公司董事长。目前公司为汽车加工设计领域
> 中的创新和领先企业，年产值近××亿元。我们公司也
> 是行业内的公益先行者，我们参加了××、××、××
> 三个国际公益组织，目前已经带动了我们80%的供应商
> 成为符合环保要求的供货商……"

这是一位打算参加公益组织理事竞选的人给我看的
他的原始讲稿。但我没想到的是，在竞选那天，竟然有
1/3的候选人用了这样的开场白，结果这些人全部落选。
这种平铺直叙、流水账式的开场白，没有起伏、重点不
突出，很难引起听众的兴趣。在一场演讲活动中，遇到
这种类型的演讲者，听众难免昏昏欲睡、毫无期待。如
果有淘汰机制，想必此类演讲者将是听众的第一淘汰
选择。

3. 谦虚式

一位中国学者去美国名校交流，他觉得一上来不谦虚几句不太好，就说："没想到我能有幸站到世界一流大学的讲台上。鄙人才疏学浅，研究水平远不如在座的人，也没什么准备，讲得不好，请大家原谅……"美国人哪听得懂这样的过谦之词，他们相信以上说的都是实话，既然如此，就不要再说下去了。"先生，请你以后准备好了再来发言！"此君不容分辩地被"撵"下了台。

既然听众是怀着很大的热情来的，那么不要一开始就带给他们"不幸"的消息。这不仅是一种演讲的"自杀"行为，也是一种演讲的"他杀"行为。在别人眼里，过度谦虚的背后，反映出来的是演讲者对自己的不认可，不仅起不到展现风度的作用，而且会让听众反感，甚至错失良机。

4. 道歉式

一开始就向观众表达歉意，也是糟糕的开场白之一。无论听众如何挑战，无论演讲主题如何棘手，你最好都不要对听众说：

"我感到力不从心……"

"今天时间实在太仓促了，我就随便讲讲，讲得不好，请大家原谅！"

你不需要上来就道歉，那是在浪费听众的时间，除非你不小心碰倒了话筒，或者按灭了演讲大厅的灯光。TED 大会有一个特点，台下听众和台上演讲者一样优秀，但就某个主题而言，演讲者就是权威，不必表达歉意。演讲者要把自信带给所有听众，如果真的没有把握，就不要讲。其实，很多时候道歉只是由演讲者内心的不安引起的。演讲者需要做的是克服这种不安情绪，而不是在一开始就讲出来。

5. 道理式

我有一位客户以前习惯于道理式的开场白，一上来就拿出训人的样子，用宏大、空洞的道理教育人，后面即使讲得再好也没有用。经过一段时间的学习，他的进步非常明显，现在他每次演讲的开场白都非常吸引人。我问他有什么诀窍，他说，有时候为了一个 1 分钟的开场白，他会用 3 天时间去琢磨，因为他再也不希望自己的演讲被平庸的开场白"搅黄"。有人说："懂得很多道理，却还是过不好这一生。"这句话背后表达的其实是，假、大、空的大道理只会让听众的耳朵失去灵敏性，对他们而言这些话都没有新意。

6. 慢热式

大部分演讲的开头总是被那些陈词滥调拖进"坑"里。我在给企业家上演讲课时，常常发现他们刚开始演练，就急着拿出那些惯用的"我没什么要讲的，只是因为……""我不是很会演讲，可是……""啊呀，由于时间关系，我可能讲不了太深入、太细致"之类的"客套话"，而且他们都用得非常自然和娴熟。遇到这种情况时，我的提问就来了："你的开场白和演讲主题有关吗？假如我们把说废话的时间用在刀刃上，效果又会如何？按照开场的时间占比，你是否已经严重超时？"学员们坦言，他们根本没有这方面的意识。我预审过无数演讲稿，假如总共写了三页，写一页还进入不了主题，我不会看下去，并会要求演讲者马上做调整，在这一页没完没了的开场白里一定有俗套话、废话。

慢热式的开头像巨象一样笨重，听众已经不愿意听"慢板"了。你第一分钟结束还没进入主题，别人就会失去耐心。假如准备一场 10 分钟的演讲，有经验的做法是：开场 1 分钟，结尾 1 分钟，主体 8 分钟。在正常情况下，开场白占全部演讲内容的 10%～15%，而在演讲开始的前两分钟，甚至前 10～20 秒是听众参与度最高的时刻。有一个"7 秒法则"，说的是在开头 7 秒的时间里，假如只允许你说一句话，千万不要说"早上好""很高兴来到这里"或者"谢谢某人的光临"这样的话。不然，在关键的前几秒，你就已经处于不利的地位了。

在当今移动互联网时代，手机成了演讲者的"天敌"。假如没有一个好的开头，听众的耳朵便自动"屏蔽"你讲的内容。可能等你讲完了，听众都不会再抬头看你一眼，那还真是个悲剧。设计开场白需要有点儿创意。我们可以预先准备两到三个开场白，然后挑选最有可能让听众产生兴趣的那个。假如一时写不出来，等你准备好了演讲的主体部分后再去操心这部分。这样可能会容易很多。只要用心去思考，最终你一定可以找到一个很棒的开场白。

大师登台前一刻

马克·吐温说："世界上有两种演讲人，紧张的和假装不紧张的。"

紧张不是坏事情，尤其在演讲中，紧张的反面是兴奋。在演讲时保持适当的兴奋，可以让演讲者的反应更快、更有感染力，从而为掌声留出空间。

1. 不要"背"讲稿，而要"备"心态

有人说奥巴马是个天生的演讲家，他的演讲有一种魔力，直指人心，扣人心弦。有一段记录奥巴马竞选幕后的视频片段，在他即将面对数万听众发表演说，准备接受总统候选人提名前的一刻。在后台，他一会儿喝水，一会儿抿嘴，一会儿问时间，一会儿观察现场画面。后来，他找了个僻静的角落，一个人不停地走来走去……

奥巴马在做什么呢？他在做上台前的"心理预演"。美国总统参选人背后都有一群撰稿人，这已经不是什么秘密了。我们看到的是总统在台前口若悬河、激情澎湃地进行演讲，看不到的是其背后那个神秘的精英团队，在为他设计并打造正确的语句、口吻，甚至抑扬顿挫的语调。奥巴马也不例外。出色的撰稿人能够帮助总统在演讲时大放异彩，但这不是全部，总统上台前的一刻也至关重要。就像这时的奥巴马并没有在看稿子或背稿子，他在后台来回踱步，利用上台前最后一刻在内心进行演练。聚光灯打开，只见奥巴马深吸一口气，昂首阔步地走到台前——美国历史上第一位非裔总统从这里踏上征程！

我接触过很多演讲者，在上台的前一刻，还在手忙脚乱地背稿子或修改 PPT，其实演讲前 15 分钟做这些已经太迟了！实战经验告诉我们，与其逐字逐句背稿子，

不如像奥巴马那样，不是"背"讲稿，而是"备"心态。良好的心理状态可以帮助你呈现强大的气场，让你讲得更轻松，说得更顺畅。

2. 不要"背"讲稿，而要"备"听众

我们在和朋友聊天的时候，可以做到谈笑风生、信手拈来，却经常在演讲时莫名的忘词或断片。因为当我们面对一群陌生人时，在不了解对方的情况下，压力会迎面而来。所以，演讲前15分钟就不要去"背"讲稿了，而要抓紧时间"备"听众。你可以和听众打招呼，甚至提前和他们握握手。如果时间允许，你可以选择几位听众进行简单的交流和寒暄，如"你今天从哪里来？""你期待听到的是什么？"等。如果你因此知道了其中一些人的名字、话题或故事，你可以把这些内容自然地放进你的演讲里，也可以作为演讲的开头："我听说，今天有很多朋友是从很远的地方赶过来的，刚才就碰到了两个从纽约过来的朋友。我不知道你们是冲着泰哥⊖过来的，还是冲着我过来的，要是冲着泰哥过来可不划算。（众人笑）"（俞敏洪麻省理工学院演讲——笑谈人生）。这样的方式很容易和听众建立起一种亲切的联结，即使你

⊖　是指盛希泰，洪泰基金创始人。

只是对一位听众说话，这样的情绪也会感染到其他听众。这样做，你就把一次吓人的"公众"演讲变成轻松自然的"私人"谈话。要注意的是，如果你匆忙上台，为了缓解紧张情绪，把听众想象成"白菜"或"西瓜"。这样会切断你与听众之间的联结，无法进入"对话模式"，听众会感觉到与你之间立起了一道厚厚的墙。

我在哈佛教书时，也深刻地感受到了"备"听众的重要性。哈佛大学有个特别的做法，在老师本人同意的情况下，可以带着班上的学生去一个特殊的教室上课。那个教室里看不见摄像机，也看不见任何陌生的观察员，学生并不会发现自己的一言一行是被全程录制的，似乎一切都是在自然状态下进行的。课后由教育专家与老师一起回放录像，做整堂课的细致复盘，为老师提供教学改进建议。

专家发现，有的老师会提前 15 分钟来到教室，亲切自然地与同学们聊天，有的老师到点才匆匆走进教室立即上课。这两类老师上课的互动效果截然不同，前者明显好于后者。

在演讲前 15 分钟，你其实还可以坐在听众席"备"听众。对于这一点，美国前总统克林顿非常熟悉。他一般不会从舞台的侧边走出来，而是直接从听众席中出场。他通常面带笑容地不断和听众握手，甚至拥抱。即便是离他很远的听众，他也会挥手向他们问好。这样的方式使他与听众快速建立了友好的关系。让听众觉得演讲者值得亲近，会给演讲者本人设置一种积极的心理暗示——台下的听众都是我的朋友。这种方式也被很多美国政治家效仿。

3. 不要"背"讲稿，而是"备"环境

作为演讲者，我们还要"备"环境。

澳大利亚著名模特、企业家琼·达领－霍特金斯（June Dally-Watkins）女士90多岁还活跃在讲坛上。一次，在她的演讲现场，她有意在台阶前止步，问我："我的脚下一共有几个台阶？"我扫了一眼后回答，"5个"。她让我上前仔细去数数，结果有"6个"，当时我的脸一阵发烧。90多岁的人数台阶很重要，这是她的特殊准备。对她来说，要想顺利登上舞台，一共有几级台阶，是否铺了地毯，会不会因此打滑，地上有没有可能绊倒她的设备线等，都要预先关注；否则，结果很难预料。在我的演讲录像里，就有一段我在舞台上出状况的瞬间：正当我意气风发地在舞台上行走时，高跟鞋突然被台上的设备线绊了一下，慌乱之后，紧接着就是语塞。

对于"备"环境，斯科特·博克顿（Scott Berkun）在他的《演讲之禅》一书中提醒演讲者在上台前先找一找厕所在哪儿，并且在诸多注意事项中，它被作为"第一要事"。这听起来似乎有点好笑，其实在演讲前感到焦虑和紧张是很正常的事。因为无论你准备得多好，演讲是直接把人放到了类似几十万年前那个面临危机时古老的场景，当你面对台下无数双盯着你的眼睛的时候，你的身体也会用古老的方式自动进入面临危险的应激状态。这并不是说你胆怯了，只是你的身体在想尽一切办法保护你。机会总是留给有准备的人，哪怕你只是在上台前去了一次厕所，这至少能保证你永远不会出现紧张到必须上厕所的至暗时刻。

大师之所以能成为大师，有时候恰恰在于在我们看来是些鸡毛蒜皮的小事，在上台前，大师们把它们看成了大事。

当你"备"好你的登台前一刻，你也能做到举止有度，顾盼生辉。

第 2 章

好焦点

讲一遍，让听众秒懂

永恒的"三点式"

在毫无准备的情况下突然"被发言"，这种压力可想而知。为什么私下场合或饭局上的随性聊天，自己能谈笑风生、信心满满，而到了正式会议场合，尤其是被即兴点名表个态、做个小结，脑袋就"嗡"地一下什么也想不起来了呢? 明明懂这方面的知识，而那一刻就会"短路""卡壳"，最后该说的没说，不该说的说了一堆，留下满满的遗憾。

1. 游刃有余，结构化

假如临时发言会让你心慌意乱，那么"三点式"是你可随身携带的"救心丸"。你可以用"三点式"给自己救场。其实说事情用"三点"，此法古已有之，并沿用至今。从亚里士多德开始就有逻辑三段论，古典名著由三幕构成，政治家等也能熟练地用"三点式"来推销理念。公元前 47 年，恺撒大帝在小亚细亚吉拉城大获全胜，欣喜若狂的恺撒在给罗马友人传捷报时，只用了 3 个拉丁语单词报出了最强音："Veni! Vidi! Vici!"（来到！看见！征服！）。惜字如金，掷地有声。再看民间谚语：三样东西一去不复返——①时间，②生命，③青春；三样东西要珍惜——①父母，②孩子，③眼前人；三样东西把握好——①机会，②人生，③婚姻；还有常常被人们津津乐道的"事不过三"。

我曾经在网络上看到一则丈母娘用"三点式"给女儿婚礼祝词的。

"妈妈是过来人，想对女儿女婿说三句'不是'。第一句，婚姻不是 1 + 1 = 2，而是 0.5 + 0.5 = 1。结婚后，小两口都要去掉自己一半的个性，要有做出妥协和让步的心理准备，收敛自己的'锋芒'，容忍对方的'锋芒'，这才是两情永久的秘诀。第二句，爱情不是亲密无间，而应宽容'有间'……第三句，家不是讲理的地方，而是讲爱与'和稀泥'的地方，因为女人是水，男人是泥。婚姻是两个人搭伙过日子，有什么事都不要深究'法理'……"

丈母娘的"三点式"从大到小，层层递进，能让女儿女婿听得清晰、记得深刻。

我很喜欢有位新官上任的演讲，题目是"一只碗、一张纸、一颗心"。他是这样陈述这三点的："来这主持工作，我随身带了三件东西。

"第一，我带来一只碗。平时，碗口总是向上，什么意见都能装，广采众议；一旦形成了决议，碗口即朝下，包括我在内，谁也不能轻易再翻动。同时，还要用它米装满'水'，举起来，让大家看端得平不平。

"第二，我带来一张纸。决不用它打收条、欠条。我要用血汗写下今后的历史，交上合格的答卷。

"第三，我带来一颗心。除了布置工作和检查工作外，大家就是同志、朋友关系，手足之间以诚相待。我要用自己的心换同志们的心。"

你看，逻辑＋形象，更容易被听众记住。

假如以婚姻为主题来做一场演讲，你的主旨可能是"如何拥有一个健康的婚姻"，用来支持你的主要观点的三个点可以是"婚姻需要耐心""婚姻需要理解""婚姻需

要毅力"，然后为每个论点提供正反证据。例如，"对于
婚姻需要耐心"这个论点，你可用一个故事介绍话题，
没有耐心会有什么样的后果，然后加上一些耐心对一段
关系是多么重要的话。

　　运用"三点式"，一段好演讲便可信手拈来。其
实，最好的演讲就是由简单和清晰的信息来支持你的论
点的。

2. 少就是多，印象深

　　"三点式"是最适合用来促进他人理解的方法，这是
有研究的。因为"3"既是人们最容易接受或享受的心理
数据，又是人们能够忍耐的极限。你多讲一点，对方可
能就受不了了。所以不管你有多少条内容，最好先列出
清单，再对所有要点进行归类，去粗取精，形成你发言
的三点纲要。如果你有很多点子，最好随时记录下你的
灵感，不嫌多。到整理时，你会发现，即使七八个点子，
也会"你中有我，我中有你"，而你要做的是，找出三个
与主题有关的。据说有位著名教授的外号叫"某十点"，
他无论到哪儿演讲都会宣布，"今天我要讲'十点'"。事
后了解，听众充其量也只能记住其中 2～3 点。不管你信
不信，无论你讲多少，听众只能记住三点与你演讲有关

的内容，因为"三"符合听众的记忆水平。

　　人们在总结乔布斯的演讲秘籍时，发现他的演讲"永远只有三部分"。乔布斯有两个最经典的演讲，一个是2005年在斯坦福大学毕业典礼上的演讲。此演讲被评为最具影响力的"十大毕业典礼演讲"，并且排名第一。他有着50年的人生感悟和智慧，却仅用"三个小故事"来总结。乔布斯围绕一个主题，从"如何把生命中的点点滴滴串联起来，关于爱和损失，关于死亡"三个方面总结概括了他所汲取的人生哲理，没有半点说教的味道。还有一个是2007年苹果手机发布会，尽管与前一个演讲形式完全不同，但乔布斯也是只抓住三点讲。在全世界还没有一个人看到iPhone长什么样的时候，他是这样介绍的："今天我们将推出三款革命性产品：第一款是带触摸功能的宽屏iPod，第二款是一部革命性手机，第三款是一款划时代互联网通信设备。以上并不是三款产品，而是一款产品——iPhone！"除此两个演讲之外，2005年，他在宣布iPod取得突破性的进展时说："第一点，它超级轻便……；第二点，我们开发应用了火线接口……；第三点，它具有超长的电池续航时间。"乔布斯常常在进入主题后马上给出陈述的框架结构："下面我将从三个方面对这个问题进行阐述。"抢先一步告诉听众接下来行进的方向，让听众对演讲内容做出预判。

由此，我们可以学到，即便你的产品有 N 个优点，只要找出需要强调的最重要的三点，其他几乎都可以一带而过。因为无论你说多少条优点，别人一般只能记住三个，所以不如把这三个讲好，给人留下深刻的印象。

美国斯坦福大学研究员希娜·艾扬格（Sheena Iyengar）在课堂上告诉学生一个观点：当选择变多时，少即是多。⊖学生觉得，这怎么可能？选择当然越多越好了。艾扬格让两个学生在同一家商店分别摆摊儿卖果酱，卖的是同一品牌不同口味的果酱。A 学生的品尝台摆了 6 种果酱小样，B 学生则摆 24 种。摆 24 种果酱的品尝台前有 60% 的顾客光顾，而摆了 6 种果酱的品尝台只有 40% 的顾客停留过。不过关键在于到底有多少人会购买。结果恰恰相反：在 24 种果酱品尝台前驻足品尝的顾客，只有 3% 的人买了果酱，而只摆 6 种果酱的品尝台，有 30% 的顾客买了果酱。也就是说，人们面对更少的商品选择时，更愿意购买。艾扬格向学生观察员们解释："宝洁公司在将 26 种海飞丝洗发产品减至 15 种时，销售额上升了 10%……过度选择会严重影响人们的购买欲和决策力，'少即是多'是许多商家的成功要诀。"

⊖　资料来源：http://www.360doc.com/content/20/0617/12/33210199_918964336.shtml.

3. 手中有牌，不死板

　　我们常常听到一些领导会娴熟地用三点："我来说三点。"接下来一位发言者："我补充三点。"你三点，我也三点。如果觉得这样的表述太格式化、太雷同，那么我们可以让听众换换口味，用逻辑、形象的关联词来衔接。例如：用"首先、其次、最后"，替代逻辑顺序的"1、2、3"；用时间轴来提炼内容，例如"现在、过去、未来"。还可以用三个词／三个成语／三句诗来呈现一类主题，例如：人物——买方、卖方、中间人；人生——烈酒、甜酒、鸡尾酒；三观——人生观、世界观、价值观；人与世界的关系——自然法则、族群法则、晋适法则。

　　日本著名经济学家森永卓郎提出过"B级人生"的概念，引起广泛关注。他把人生分成A、B、C三个等级，即"有钱没闲""有钱有闲""有闲没钱／没闲没钱"。他说人生凡事都有追求，超级精英不惜一切代价也要赢得A级人生。他说，追求"A级人生"本身没错，但如果只把人生当成一场竞技，就算赢得了胜利，却输掉了身体、家庭和人生，这样划算吗？即使赚到A级财富，没时间享受也是枉费。"B级人生"虽然收入次一等，但还是能维持一定的生活水平，反而因此付出较少的代价……在赚钱的同时也赚到了人生，这就是"B级人生"的真义。拥有一定的金钱，做自己想做的事情，享受生命的充实感，所以整体上生活水平不输于"A 级人生"，这才是人生的赢家。

三点式就像物理实验中的三棱镜，能把各种理论如同各种波长的光一样显示出各自的美丽色彩，但又在同一波段中，以波段的长短数据统一起来。演讲者用"三点式"能减轻"突然"上台时的紧张和不适，在情急之中能找到抓手，迅速组合，使凌乱的语言变得有条理和顺畅起来，让演讲彰显分量、增添赚到人气，甚至达到影响他人、左右全局的效果。

集中"一点"讲

当我们收到一个演讲邀请时，通常会遇到两种情况：一种是不知道说什么，另一种是想说的太多，不知如何取舍。不少人每次发言都长篇大论，好像讲的主题越多，涉及面越广，水平就越高。

我曾经观察一位企业家在公司内部做演讲，他从公司发生重大伤亡事故说起，接着谈到安全生产，再谈公司上下普遍缺乏责任心的问题，又说操作流程很重要，最后从一般管理讲到宏观战略。这次讲话，看起来符合逻辑，却把公司所有的事情都扯上了，把所有人都说得很沮丧。他觉得自己讲得既全面又深刻，可员工听得云里雾里，谁也说不清他到底强调的是什么。我当时帮他数了数，他一口气讲了七八个主题。

这并非个案，多数演讲最大的问题是涵盖的内容太多。可能起初演讲者并没有打算讲太多的重点，但说着说着，便兴之所至，不断增加观点和建议，因而早已偏离了演讲的中心，大大降低了演讲者的总体影响力。

著名的 TED 演讲通过网络开放于众，已成为全球共享的大课堂。人们不必坐飞机去美国或其他地方购买入场券入席，只需要单击鼠标、敲击键盘，便能聆听到震撼人心的思想与智慧。正因为受到 18 分钟的限制，演讲者只能集中讲一个主题。我们在网上所能看到的 2000 多个演讲视频，都是挑选出来的精品。据说大多数被淘汰的演讲主要毛病就是主题不够集中，不能引起听众的共鸣，因此无缘和全球听众见面。这些人的演讲就像写在沙滩上的字，被无情的海水冲得无影无踪。

在 TED 演讲中有场著名演讲——"从为什么开始"，演讲者是西蒙·斯涅克（Simon Sinek）。他说，如何区分平庸公司和优秀公司、一般人士和成功人士？他发现的秘密是，成功者都有相同的做派，即他们往往都是从"为什么"开始思考问题的，而不是从"怎么做"或者

"做什么"开始的。无论是苹果公司的管理者，还是怀特兄弟，他们思考、行动和交流沟通的方式都完全一样，但与其他人的方式则完全相反。西蒙·斯涅克为 TED 做过很多次演讲，他不仅是个理论研究者，也是个实践者。他的演讲很有激情，给人以启发。人们问他为什么能讲得那么好？他说："其实我要讲的东西很多，只是每次都努力限制和缩小表达的范畴，着力阐释一个简单并极具震撼力的主题。"他演讲成功的重要原因之一，就是集中分享一个鲜明的观点。

成功的演讲取胜于一个伟大而精准的主题，而非多个。记得《哈佛商业评论》有篇文章曾经指出，失败的演讲有多种原因，但是最显而易见的原因有两种：一是演讲前不研究将面对的听众，包括他们的态度、情感等；二是中心太多。演讲者应该只告诉听众一件事，因为听众听到并能记住的其实少得可怜。一次只讲一个主题，不讲两个，保持简单，把你的注意力全部放在那一点上，彻底去除与此无关的东西。

我们在演讲前需要做以下两个准备。

1. 精选话题

"集中一个主题"的概念很要紧，因此我总在跟客户强调："切记，如果你有多个主题，效果就大打折扣了。"
道理人人都懂，但在实践中真正能做到这一点的还是很
少。在客户的演讲初稿里或临时发言中，有时还是会出
现三个以上的主题。我在辅导他们时，问得最多的问题
就是：你最想讲的是什么？A主题和B主题一致吗？例
如，一家著名公司的领导要做年终发言，他说他准备谈
谈"变革"和"团结"。这一看就是两个主题，但演讲者
自己没有意识到。在7分钟的发言时间里，要阐述清楚
这两大主题，通常是很难的。经过深入询问，我了解到，
其实他的A主题（"变革"）想谈的是有关组织效率问题，
企业要提高产能，就要在简化流程、充分赋权、优化沟
通等方面做变革，而B主题（"团结"）谈的是部门之间
存在各自为战，合作不顺、团结不利的现象。在年终大
会上谈B主题，显然有风险，毕竟场合和氛围不对，而
谈"变革"似乎有更积极的意义。经过一番纠结，最后
客户忍痛割爱，愿意把力气集中用在"变革"上，并把
"打破部门之间的隔阂"纳入"变革"这一主题中轻轻带
过。经过梳理，通篇演讲顺畅多了，主旨更明确了，最
后的效果非常好。

　　在准备发言前，最好的办法是把你想要表达的几个
主题都先写下来，最后筛选出你最有激情、最想表达和

最符合听众需求的那一个，剩余的毫不留情地删掉。不要将所有的内容打包后塞进一个短短的演讲中，因为你无法在一个演讲中概括整个行业、领域，无法囊括整年发生的事，也无法通过一次演讲传达你一生所学或所思。那样只会拖累你的演讲。哈佛大学的研究表明：演讲者不要企图一次解决许多问题，失败的演讲往往一次涉及面太广，以致重点被淹没。

　　网络上流传很广的演讲，一般都是一次讲一个主题。全球著名创造力研究专家肯·罗宾逊（Ken Robinson）2006年在 TED 做的"学校如何扼杀创造力"的演讲流传甚远，至今仍是 TED 最受欢迎的演讲之一，也是 TED 有史以来被观看最多的一个视频（1300 多万次）。我在课上常常介绍这个演讲。罗宾逊是一位极其出色的演讲大师。他的演讲幽默、主题突出、发人深省。其实，他讲的不是教育和学校，而是聚焦在更诚实地面对人类自己。

2. 有舍才有得

　　裁减，不是个技术问题，而是个态度问题，要对自己狠一点。一般来说，在主题和材料方面对自己限制多一点，演讲效果就会好一点。即使你有其他更棒的概念或故事，如果不能直接支撑这一主题，都应该舍弃。就好比为了节省起见，做衣服时把裁剪下来的布片全部挂在身上，并不能对视觉产生美的冲击。

选材与选主题一样，如前面提到的演讲者定了"变革"这个主题，去掉了"团结"的内容，篇幅上明显缩短了。如果材料不够，就要花力气再找、再补，把工夫花在如何强化这一主题上。只要你挖掘足够深，无论从技术层面还是思想层面，一定可以找到更佳的材料。聚焦这"一点"，听众才能记住。

成功的演讲集中在一个"伟大而精准"的主题上。作为演讲初学者，不要对自己要求过高，主题"伟大"我们可能一时做不到，但"精准"可以做到。如果你有多个主题，演讲效果就会大打折扣。如果你以为领导讲话，一定是"多多益善"的，一定要讲"一二三四"，那么下面听讲的人不但难以听得进去，还会觉得你有点啰唆。

专注一点，别想太多。从无人喝彩到万人空巷，演讲成败就差这"一点"。

为你的演讲"瘦身"

有一个非常典型的场景，企业家在企业内部发言或做报告，往往容易把讲话像拉面一样往长里抻。究其原因：一是怕下属不重视，二是怕他们记不住，三是对自己的讲话无节制。

我参加过一次某行业的圆桌会议。台上的发言人先预告："我只说两句话。"可一开口，便"刹不住车"，诉说自己如何赚到"第一桶金"，从骑着三轮车娶老婆到开着名车娶儿媳。"痛说革命家史"后，他又从公司业绩发展说到对经济大势的预测……原来声明只说"两句"，结果这两句被翻了 N 倍还不止。他讲得很兴奋，光顾着自己抒发感情，而台下的听众丝毫不知道他的重点在哪里，思维早就不和他在一个频道上了。当老板在公司内部养成了短话长说的习惯时，其在外自我察觉的能力就会明显降低。

冗长的演讲只会消磨听众的兴趣。如果举手表决，估计喜欢听短话的听众占绝大多数，可偏偏爱讲长话的人很多，而且乐此不疲。第 82 届奥斯卡颁奖典礼发布了一条非常"奇葩"的规定——不许流泪，拿到小金人时要控制自己的情绪，不许一把鼻涕一把眼泪地致谢，不然就是浪费听众的时间。奥斯卡组委会还"强硬"规定：获奖的明星发表感言必须长话短说，不允许获奖者致超长感谢词，谁要是说得太长或者其他人想插嘴，就直接掐断他的话筒。

这些年来，私人董事会在中国悄然兴起。在这个组织里，企业家们也尝到了被"掐话筒"的滋味儿。例如，某私人董事会小组 20 多位成员都是公司的创始人，都拥有一定规模的企业。在小组初建时，一到开会讨论，几个能说会道的企业家说得多，几乎掌控了所有的"频道"，而其他组员却只有听的份儿。慢慢地，"听众"也有了说的需求。于是小组又定了个规则，不管企业大小，不管口才好坏，发言时间一律平等，一旦超时，就被叫停。

私人董事会的形式是舶来品。这种限制说话时间的做法其实在美国已实行了 70 年了，沿用至今。在中国这个私人董事会小组里，新规刚尝试执行，大家觉得很不自在。那些口若悬河的人老被掐话筒，而不善言谈的"新手"得到了机会又心拙口夯。随着时间推移，大家倒也习惯了，觉得新规定特别好，一律说短话，一视同仁。但过了一段时间大家发现了新问题，如果真有人讲得好，大家也愿意听下去，怎么办？于是规定再做调整，发言受欢迎者，允许超时几分钟，决断权在主持人手里，而主持人是根据听众的"脸色"来判断的，前提要求大家喜怒哀乐必形于色，用"脸色"投票。渐渐地企业家都能有意识地控制说话时间，还能做到要言不烦、言必有中，争取获得"荣誉"加时分。

美国西雅图太平洋大学脑应用研究中心主任、分子生物学家约翰·梅迪纳（John Medina）认为：大多数人对许多事物的关注时间最长为 10 分钟。当你要规划一次演讲时，研究听众需求后，就要参照 10 分钟注意力法则。这样你就能安排好自己演讲的节奏，就会关注听众是否一直在跟进，那些"枯燥无味"的时刻便能有效避免。其实，不管是 10 分钟还是 50 分钟，讲得好都能获得听众的好评。而一个敏感度差的人，不管演讲的时间多短，也能给人感觉太长，1 分钟就能讲跑题。那么究竟该如何做呢？我们不妨试试以下两个方法。

1. 心中设个"定时器"

在辅导 CEO 做重要演讲前，我都会问："这次给你的演讲时间多长？"这是需要预先计算的。一般人的语速在每分钟 160～180 个字，假如让你做 5 分钟的发言，保守的算法就是 180 乘以 5，你最多可以说 900 个音节。这还不包括可能因为你讲得好，或许会有掌声和笑声的用时。

我常常让我的客户就同一主题，分别做 1 分钟、3 分钟或 5 分钟的演讲练习。例如，做 1 分钟发言，首次练习，都特别容易超时，觉得还没讲几句话，时间就到了。第二次练习，因为怕超时，只说半分钟，就结束了。这算合格了吧？这也不合格，因为时间太短，容量肯定不够，只有讲 58 秒到 60 秒才合格。心中设个"定时器"，开始他们都不习惯或者说很难受。多练习，就能自如地把控时间和节奏了，出去讲话，心里就有底了。

我在讲课时，常常告诉学员我听到的一个故事。上海某公司听说集团领导要来视察，选出一位代表，让他提前准备两个发言，时长分别为 3 分钟和 7 分钟。但是当天临时通知他要讲 5 分钟。情急之下，这位代表把原先 3 分钟和 7 分钟的发言做了整合，出色地完成了任务。因为他发言有质量、时间把握得准，据说后来被提拔到集团总部去了。这给我们一个启发，当我们在准备演讲时，可以将每个打算陈述的要点控制在一定时间单位内，比如一个要点 2 分钟，一旦出现超时，直接去掉一些内容，以有效地控制时间。

2. 挤掉水分，给出干货

给演讲"瘦身"，说白了就是给演讲内容做减法。2018 年 12 月，做了 13 年德国总理的默克尔不再担任基民盟主席，这就意味着至 2021 年任期结束，她将不再担任总理。大家认为退下政坛前做告别演讲，总该提一下任内做的成绩，说一说对后任的希望吧。不过谁也没有料到，默克尔竟然只用了 1 分钟，就结束了自己政治生涯中一次重要的演讲。可就是这 1 分钟讲话，竟赢得了近 10 分钟的起立鼓掌。

大家很关心 TED 为什么会火起来。它最大的特点之一，就是只允许演讲者讲 18 分钟，不管是盖茨、马斯克等科技领域大腕儿，还是商界精英、政界明星，谁都不多给 1 分钟。你的演讲时间可以缩短，5 分钟、7 分钟都行，而 18 分钟是一个上限。

什么是水分？在演讲中，"哼哼""哈哈"之类的词是水分，"这个""那个"之类的词也是水分，一开讲就东拉西扯也是水分。一般来说，讲的时候，演讲人自己不觉得乱和散，但如果把想讲的内容写下来，或者把录音整理出来，就会发现有水分，而且水分很多。把这些水拧干，把没有营养的东西去掉，剩下的都是干货。最近有个"新职业"火了，帮人整理衣物也能月入上万元。这其实就是帮人把舍不得扔的东西扔掉，把可用有价值的东西整理整理。这个职业的名字叫"整理收纳师"。

值得一提的是，越短、越精练的演讲稿，需要花的准备时间往往越多。我们或许可随时讲 30 分钟话，但是做 3 分钟的演讲就没那么容易了。默克尔这 1 分钟的演讲，不知要花多少时间准备。有人说，这个世界只给你 3 分钟。如果你偏要讲 6 分钟，那么你恐怕就要出局了。

做好演讲的减法，有话则短，无话则免。

第 3 章

好场景

演讲的无限可能

临门一脚的竞职演讲

竞职演讲不同于其他演讲，有两个特点。第一，目标坚定，竞职演讲是冲着某个职位来的，拿下那个职位是终极目标，绝不是"重在参与"。第二，竞争激烈，演讲者要在听众面前呈现自己的特点和优势，把自己"推销"出去，让熟悉自己和不熟悉自己的人，都把票投给自己。

上至总统选举，下至平民谋职，竞职演讲在当今社会成了家常便饭。角逐总统似乎离我们很远，而竞聘职位常常发生在身边。有位客户辗转找到我，说他受了点刺激，原因是在某企业家协会换届竞选中打了"败仗"。上台前，他自信无论是从自己的资历，还是从知名度来说，都是稳操胜券的，所以演讲前只是匆忙在飞机上打了个腹稿。谁知半路杀出个"程咬金"，被打了个措手不及。原来对手对此次竞选的岗位要求做了充分的调研，他不仅有律师从业背景，而且仔细研究了协会的法律章程，并在发言中精准地指出章程中存在的问题。在有理有据的分析之后，他提出法律章程之健全乃组织之健全，协会需要一位既懂法律，又有能力的人来为大家服务。如果他有幸当选，他愿意为修改协会的法律章程贡献全力。机会总是留给有准备的人，果不其然这匹"黑马"当选了。

1. 好讲稿，让你胜券在握

　　写讲稿的本质是什么？不只是让你发言流畅、能说会道，更重要的是把"做准备"这件事具象化。我常给客户建议，一定要尽早了解所有的信息，包括听众需求、竞争对手的长项和短板、前任们曾遇到过的刁钻提问、现场可能会出现的即兴回答等。轻敌必败，你准备与不准备是瞒不过听众的眼睛和耳朵的。林肯说，"你能在所有的时候欺瞒某些人，也能在某些时候欺瞒所有人，但不可能在所有的时候欺瞒所有的人"。上台随便聊，讲到哪儿算哪儿，讲的人不知所云，听的人一团乱麻。不做好准备，必定导致竞聘失败。就连乔布斯这样的演讲大师，一次演讲也要准备数月。

如果不下足功夫，想胜出恐怕只是盲目乐观。向国会报告"国情咨文"，对任期内的美国总统来说如同过年关，对总统背后的撰稿人来说，更是一个"地狱般"的准备过程。他们花在搜集、分析数据上的时间比写作时间多，还需要和各部门开会，找到对的信息，并对庞大的资料进行整理浓缩。同时还要把语言打磨得既浅显易懂，又优雅流畅；既涵盖全面，又有说服力。最后，还要用演讲人的口吻呈现出来，实属不易。每一场打动人心的演讲，每一次生动的发言，背后都有着我们看不到的精雕细刻和兢兢业业。

2. 一般套路 VS 别出心裁

职场中的竞职演讲通常被规范成一套既定的"程序"，一般分为五步：介绍自己、提出竞聘职务及缘由、摆出优于他人的竞聘条件、提出假设任职后的施政措施、表明决心和请求。竞职演讲是一种说服式演讲，如果我们只是在听众的预期之内，按部就班地做"填空题"，每一句话都是"陈词滥调"，想要打动听众根本就是天方夜谭，就像在竞聘演讲中频繁地听到"不想当将军的士兵不是好士兵"，说的人多了，也引不起人们的兴趣了。如何做到别出心裁，我们不妨参照亚里士多德的经典五要素做些尝试：

（1）讲述一个能够激发听众兴趣的故事或观点。

（2）提出一个需要解决的难题或需要回答的疑问，进一步吸引听众。

（3）对你提出的问题给出一种解决方案。

（4）描述采纳你的解决方案能带来的具体利益。

（5）号召听众采取行动。

我们来看一个演讲稿案例——竞选某业务部门政委[⊖]，是如何用以上五要素展开的。

● 故事开篇

刚上小学的时候，每天都是爷爷骑自行车送我的。直到四年级，看到有同学自己骑车上学了。我坐在自行车后座上说："爷爷，我也要自己骑自行车上学。"爷爷犹豫了一下，说："好，我来教你，你爸骑自行车也是我教的。"

那天放学一回家，爷爷两手紧紧扶着车后座让我骑

　　⊖ 特指企业中的一类职务名称。

车。我越骑越快，心想，原来骑车这么容易，爷爷平时
骑得也太慢了。我们练了一个星期。一天早上，我试着
独自骑车上路，刚一上车就摔了，根本骑不出去。我垂
头丧气的样子刚好被我爸看到。他说："我来教你。"当
天中午，我就真的会骑了。我兴奋地说："老爸，还是你
厉害！"爸爸说："你爷爷以前也是这么教我的，只是对
他来讲，儿子舍得摔，孙子摔不得。"

● 提出问题

为什么能教会儿子，不能教会孙子呢？

同理，"政委"的定位和职责究竟是什么呢？协助制
定业务战略吗？监督每笔钱的使用吗？人才的"选用育
留"吗？

● 给出解答

以上这些都是"政委"的职责。但是最重要的是，
"政委"应该把业务部门当作"儿子"，而不是"孙子"，
应让它去面对困难与挑战。

许多人管儿子的时候能够管得很好、很严厉，管孙
子的时候却完全管不住。领导者在管理自己直属的业务
时就像管理自己的儿子，管得井井有条，但是作为"政
委"参与业务部门的管理时，却像管自己的孙子一样，

问题百出。我认为是因为很多"政委"顾虑太多，不敢试错。就像爷爷教孙子骑车一样，因为太在乎，反而抓得太紧，孙子就没有机会在错误中成长了。

● 具体利益

我是一名从业务中成长起来的"90后"，跟另外几位从职能部门成长起来的候选人一样，我对咱们部门的全业务流程有深入的了解，同时我又深知承担这份职责最大的困难和挑战。作为一名心性成熟的"90后"干部，我敢说敢干，没有老前辈需要考虑人情世故的包袱，也没有新人不了解具体情况的顾虑，或许由我担任政委会更中立、更公正。

● 号召行动

我叫×××，请投我一票！

不出所料，案例中的这位"90后"干部高票当选。

3. 讨人喜欢才能赢得支持

竞聘演讲是竞争，但并非比赛谁更能说大话。只顾自吹自擂，反倒令人生厌。竞聘演讲中所用的材料、数字要尽可能地做到求真求实，并且要注意分寸，因为竞聘演讲的角度基本上是以"我"为核心的，若掌握不好分寸，夸大其词，就会让人产生逆反心理，从而造成演讲失败。

我的一位客户告诉我，他公司曾有个中层职位空缺，当时采取"推举、竞选"的方式挑选继任者。结果几位被看好的候选人都没入选，倒是一位排名落后的候选人获得了高票数。他竞职演讲中的一段话如下：

"我只想跟大家说说心里话。当我听说被提名时，我的第一反应是自己不够格。按前任的标准，我有两个明显的弱点。我找了总裁，表达了我的疑问。领导帮我分析了自己比较适合做继任者的一些特质，并给了我鼓励。今天我站在这里，并不代表我合格了。我会把那两个需改进的地方做出详细的行动计划，在大家的监督和支持下不断改进，争取早日达到大家心目中合格的部门总监的预期。"

他语气诚恳，坦然示弱，让人感觉很真实，听众被打动了，"原来他也不完美，他有着普通人的共性"。演讲者释放脆弱，依赖他人，换回的是信任和支持，让人忍不住去喜欢。

要想自我拔高成功，难度是很高的。任何不当的自我拔高，都是情商不高的表现。当今社会，一个人的成功，仅有 15% 是取决于技术知识，而其余的 85% 取决于人际关系及有效表达等软技能。

一篇好的竞职演讲至少具备三个元素：提供有效的信息、触动人心的故事、讨人喜欢的感觉。所以，准备好讲稿是第一步。当然，伟大的内容如果表述不当也会沦为平庸，我们要别出心裁，赢得观众的倾力支持，讨人喜欢不是坏事。

看到这，临门一脚的竞职演讲，你能稳操胜券了吗？

产品推介的脚本

说起这个时代公认的产品推介大师，首屈一指的当属乔布斯了。他每一次上台演讲，都会引起广泛的关注。他的每一场新产品发布会都惊艳世人，牢牢吸引住听众的注意力、引起共鸣，并为苹果增加巨额收入。

不是每个人都是乔布斯，产品推介演讲这活儿不好干，一些创业时不惧怕任何困难的老板和高管，也常常为此发愁。开一次产品推介会既耗力又费钱，有时候将产品声势浩大地投入市场，却得不到回报，老客户不买账，潜在客户不认可。

2016 年 5 月，某知名培训公司邀请我以线上形式谈谈如何做好一场产品推介演讲，竟然有 15 万听众报名，大大超出组织者的预期。管中窥豹，看来产品推荐演讲能力已成刚需。

依我观察，一般产品推介大致有两种通病：一是介绍内容太多，从公司成长说到产品研发过程，眉毛胡子一把抓，缺乏专注；二是方法单一，只按逻辑走线：先介绍产品概念，再谈技术原理，最后谈使用效益。细化的提纲是：①什么是×××技术？②×××的特性和优点；③过去为什么不能得到运用？④×××的应用前景；⑤应用中可能存在的问题及解决方法。整体上以"是什么——为什么——怎样做"的三段式框架来介绍，这种波澜不惊的演讲不走心，难以燃起听众的热情。

怎样做好产品推介呢？迄今为止，世界上最擅长新产品发布的，还是乔布斯。乔布斯到底凭什么牢牢抓住了听众的注意力？我问了不同的客户，总结出乔布斯与我们有两点不同：第一，乔布斯是以客户为导向的，而我们只是从自我出发，一味地从自己的角度贩卖产品；第二，乔布斯讲外行听得懂的话，简单、通俗、有趣，听众记得住；我们是堆砌数据，罗列专有名词，信息繁杂，故弄玄虚。两者的维度不同，效果就不同。

1. 客户导向

听众其实并不十分关心你的新产品中蕴含的技术。当演讲者还沉醉于长篇大论地讲产品的原理时，听众只想知道哪种产品更能帮助他们完成订单，提高企业效益，赚更多钱；听众关心的只是这个产品如何让自己的生活过得更好？所以，当你在介绍一款产品时，最好选出其中能让听众津津乐道的独特功能或有益之处，并确保你的大部分时间用在介绍这些特色内容上。可是，当我作为演讲教练，要求企业家学员改变以往的习惯时，过程一点也不轻松。我通常先给他们看几个平庸的推介会演讲视频和讲稿，请他们尽量挑问题。一般，他们看一会儿就不耐烦了，"真啰唆，我比他更了解市场存在着竞争！""怎么一上来就王婆卖瓜，自卖自夸？手法太僵硬了！""快闭嘴吧，客户真正要的是能够解决问题！"。等时机到了，我再请他们反观自己的视频和PPT，这时他们嗓门儿就不那么高了。

对于客户导向，乔布斯一直在找市场"痛点"。同一种产品，人们说出的需要它的理由不同，这就是这些人不同的"痛点"。例如，对于一个水瓶，不同人的购买理由不一样。有人说："该水瓶可再利用。"有人说："它容量大。"还有人说："这个瓶子很好看。"需求不同，痛点也就不同。如果你抓住了客户的需求并加以满足，那就能成为问题的解决者，而不再只是销售者。乔布斯的真正秘诀是，凭着对普通消费需求的直觉，一切从听众的角度去描述，重点是将听众最关心的利益表达清楚，而非简单地堆积信息。

那么，该如何表达清楚听众最关心的利益呢？通过乔布斯的PPT，我们就能看出，他的PPT和苹果的产品一样，简约、直观、极少的文字。PPT深蓝色的背景配上白色的字体，不仅达到了最好的清晰度，而且给人以力量感和稳定感，突出了主题。乔布斯坚信："简洁并不只是视觉上的，也不只是把杂乱无章的东西变少或抹掉，而是要挖掘复杂性的深度。要想简洁，你就必须挖得足够深。"关于这一点，我的教练对象特别有体会。在演讲前，我会和他们一张张看PPT，要求标题和文字必须精简到不能再精简，能用照片就不用文字，做出的PPT看上去和乔布斯的很像（乔布斯在发布会上，有时10个幻灯片上仅有7个单词，而一般人平均一张PPT上有40个单词）。这样做的好处是，PPT简洁了，语言也必须随之简化。时尚的幻灯片加上演讲风格的调整，不仅使演讲者丢下"包袱"、充满自信，也提升了听众的视听品质，同时降低了听众的理解难度。乔布斯式的PPT清晰、透

彻，智慧而有力地利用留白，既是一种美学，留给听众
以享受；也是一种克制，节省听众的注意力。

2. 让外行听得懂

我们要通过产品推介演讲展现产品的魅力，而不是
把听众淹没在无法理解的数据和专业名词里。从《乔布
斯的魔力演讲》一书中可以看出，乔布斯最关心的是听
众听得懂吗？能理解吗？最后能记住吗？为什么人们听
乔布斯的产品发布会不会感到累？《西雅图邮报》的记者
托德·毕晓普（Todd Bishop）对乔布斯和比尔·盖茨在
产品发布会上所用的词汇量做了比较，前者难懂的词汇仅
占 2.9%，而后者难懂的词汇则占 5.11%。听懂乔布斯的演
说，只需要受 5.5 年的教育，而听懂盖茨的演说，需要上
10.7 年的学。例如，乔布斯在 2011 年推出第一款 iPod
时介绍："口袋里的 1000 首歌曲。"对 MacBook Air 的描
述为："世界上最薄的笔记本电脑。"乔布斯还像变戏法
一样，从信封中抽出全球最薄笔记本——MacBook Air，
从牛仔裤的装饰口袋中掏出缩小版的 iPod shuffle。这种
令人惊讶的介绍方式，没有任何词语可以取代，不仅让
人过目不忘，而且同客户之间的关系变得紧密起来。

在介绍产品时总会涉及数字，演讲者往往习惯一次

性地直接把数字告诉听众，至于怎样让它们"艺术"地替产品说话，很少有人考虑到。乔布斯的演讲从不像账房先生那样报流水账。2008 年，在 MacWorld 大会上为庆祝 iPhone 诞生 200 天，他说："到目前为止，我们已经售出了 400 万部 iPhone 手机。"乔布斯并没有就此打住，"如果你用 400 万除以 200 天，结果就是平均每天售出 2 万部 iPhone"。

不管你在什么行业，随便抛个数据，对任何人来说都是陌生的。乔布斯先从 iPhone 的销量谈起，再进行数据的延伸。200 天内卖出 400 万部，好像并不稀奇，而分解到每天 2 万部时，数据的效果就放大了，数字信息变得更有意义和说服力了。乔布斯把产品展示变成了艺术。乔布斯每一场新品发布会，都如同变魔术一般，一场演讲带来的不只有苹果的新产品，还有万千粉丝潮水一般地疯狂追捧。

乔布斯所销售的不只是产品，还是梦想和一种改变生活方式的可能。

剖析乔布斯产品推介会的演说秘诀，我们会发现，乔布斯所做的是让思想故事化，让故事生活化，让生活个性化。他通过演讲，把产品变成一种客户对生活品质坚定不移的追随。

　　这里值得我们学习的是，不能忽视演讲的目的是要号召人们采取行动。以客户为导向，让外行也听得懂，不就是这个目的吗？所以，乔布斯常常这样说："这多棒啊，多酷啊！那么，去买一款吧！"

年会演讲，企业家的关键时刻

　　对企业来说，年会是一次承前启后的过渡，发挥着凝聚人心、激励士气的关键作用。然而，年关将至，年会一来，很多企业家站在舞台上总会紧张到手心冒汗、语无伦次、大脑一片空白。

　　我有位学员，这里暂且称他为"王总"，他每到年底就容易愁眉苦脸，有次我问他怎么了？他回答道："年底了，又要开年会了，又要我讲话了。唉……"公司开年会，领导者上台讲话，天经地义。"这对你是个负担吗？"我不解地问。"我这人，天生爱干不爱说，上台演讲我不擅长。"

　　"不擅长与讲不讲是两回事吧？"我笑着问，"那你今年打算怎么讲？"他说，"年会，无非是总结总结，提提要求，就这么来呗。""你以前都这么讲吗？""是。""效果如何？""效果？"王总看着我，一脸茫然。我提出看看王总前三年的演讲录像。果不其然，他的演讲呈现非常稳定——台上滔滔不绝，台下呼呼大睡。

　　看了录像心里有了底，我问王总："今年你准备跟员工提哪几点要求？"他回答道："我今年第一个要求：努力干活，艰苦奋斗。""为什么呢？""我们当年就是这么做起来的？""能说说你当年的情况吗？"我顺势问道。"……我清楚地记得，那是个三伏天，办公室没有空调，只有一个非常小的电风扇，真是奇热难熬。我们两个男人干脆赤膊，在办公室里放一盆冷水、一块毛巾，实在太热了便擦一擦。就这样，打个电话擦把汗，到处找客户……"

　　我聚精会神地听着，录像机也在同步记录。"还是三伏天。一天，我们办公楼前停了一辆皇冠车，走下一位衣冠楚楚、气质儒雅的著名国际公司总裁。我们准备了两包红宝橘子水（那是当时我们对贵宾最好的招待了），问方总，要喝冷饮还是热茶？他选择了热茶。我们看着他满头大汗，西装也没脱，还喝着热茶，再看看那台电风扇尽管拼了命地吹，办公室的燥热却'岿然不动'。我心想：完了，就这条件接待大老板，肯定没机会了。不过，我们还是硬着头皮把介绍做完，并告诉他，我们会用最大的诚意，全力以赴地把事情做好……三天后，我们接到了一个意想不到的电话，是方总打来的……"

王总绘声绘色的描述让我听得入神。我说,"这故事很好,你为什么不跟大家说说呢?""年会怎么好讲故事啊?""为什么不可以呢?"我问。我接着说:"你以往的年会演讲总是说,我们创业的时候特别艰苦,现在条件好了,倒看不见你们的干劲了,你们要怎么怎么做之类的话。如果你能把'你们要'换成刚刚讲的故事,员工更爱听哪一种?更愿意接受哪一种?"

王总自知自己是理科出身,平时说话比较平淡,缺乏感染力,习惯逻辑到逻辑。他也一直觉得,讲故事是他的短板,不如直接讲道理痛快。为了让王总发现自己的潜力,我边回放刚才那段"创业故事",边问:"你觉得自己讲故事的能力怎么样?"王总认真审视着自己的录像,似乎找到了信心。接着,我把任正非的一个内部年终演讲稿递给他,让他看看任正非是怎么精心构思、怎么讲故事,怎么把理想、信念及公司的目标贯穿在年会演讲中的;看看这位名企领导者的讲话是怎样开头、怎么过渡,结尾又是如何振奋听众情绪的。经过这么一番对比,王总找出了自身的"三多三少":肯定自己多,表扬下级少;看到问题多,鼓舞士气少;悲观论调多,乐观情绪少。他说,难怪以前年终演讲过后,员工常常灰心丧气地跟他说,一年又白干了。

　　讨论至此，我们找到了原因，识别出了差距，接下来该聊一聊当年年终演讲的成功要素了。我问他："今年的开场白打算怎么讲？"王总来了灵感："我会问大家，'你们知道我们公司的第一笔生意是怎么来的吗？'"我觉得他找到了门道，接着问："假如顺着刚才的故事讲下去，怎么连接到向员工提要求？"王总回答道："……有一天，我问方总，为什么当初你会信任我们这么小的公司？他说，'你们公司真的太小了，条件也不好，但是我看到的是你们的努力、上进，有这样的精神，一定会把事情做好，所以我们愿意支持你们'。得到来自国际公司的肯定，我们更坚定了信心。我们必须努力，我们必须专业！这就是我们公司精神的由来。从那时起，这种精神便开始生根、发芽，一直延续至今……如果你有求胜的意愿和自信心，加上不怕吃苦的精神，付出不亚于任何人的努力，就一定能打开通往成功的大门……"我静静地看着仍在演练的王总，他似乎已经找到了那种感觉。

　　年会前，王总以极大的热情投入到演讲的彩排和优化中。我也参加了这场年会，和他的员工一起见证了这次别开生面的演讲。演讲取得了不错的反响：台下潮水般的掌声、事后诸多员工面对面的正向反馈、微信朋友圈的好评如潮，都证明了这的确是一次成功的年会演讲。

更让王总感慨的是，这次成功的年终演讲也唤起了员工对下一年工作的极大热情。王总忍俊不禁道："看来，演讲也是生产力！"

年会演讲是一次促进企业内部同频共振、上下同心的重要机会。企业家应当将年会演讲视为一次大型的沟通，把大家的心凝聚到一起，为下一年夯实基础，绝不能把它视为负担。回过头来看，这些年我为之服务的企业家渐渐发生了这样的变化：本来提要求多，现在讲故事多；本来批评多，现在鼓励多；本来下指标多，现在指方向多；本来一人唱独角戏，现在上下互动同演一台戏。

抗击疫情的演讲中，谁出彩

从来没有像 2020 年那样，新冠疫情如同一记闷棍，打在了每个地球人的身上。我们一下子被打蒙了——我们意识到它不是偶然发生的，也不会很快过去。全世界都进入了前所未有的紧急状态，都在抗击一个共同敌人，都在关注一个焦点话题。

面对全球危机，全世界的领导者和权威人士都站出来发言，不过这次他们做的是同一个"命题演讲"——如何抗击 / 应对新冠疫情？除了平日出镜率高的政治家，医学界权威人士也走到了镁光灯下。这就像是一场战时演讲，我们来看看广受好评的演讲主要有哪些"看点"？

1. 安抚民心

疫情开始初期，来势凶猛，世界范围内，源自人心的恐慌超过了病毒带来的恐惧。当英国新型冠状病毒感染人数超过 5 万，时任首相鲍里斯·约翰逊（Boris Johnson）因感染被送进 ICU 抢救时，自律安静的英国人开始表现出强烈的恐慌情绪，此时谁能站出来安抚民心？ 2020 年 4 月 5 日晚上 8 点，时年 93 岁的英国女王伊丽莎白二世出现在电视屏幕上。在短短的 4 分钟电视演讲里，她鼓励全体公民继续与新冠疫情做斗争，女王用"我向你们保证"等抚慰性的话语，让英国人民重拾信心，"我们将共同努力应对这一疾病，我想向你们保证，如果我们团结并且坚定，将克服这一疾病"。面对逆境，女王的出场显然得分非常高，让整个世界为之震撼。她的演讲将民众从面对未知的恐惧之中带了出来，民众意识到疫情远没有想象中严重，开始重拾对生活的信心与希望。其实女王讲话十分罕见，其时她在位 68 年，这只是第五次"特别演讲"。前四次分别是海湾战争和 1997 年戴安娜车祸去世、女王母亲去世、女王即位 60 年庆典，可见疫情对整个英国造成了多么巨大的影响。

2020 年 3 月 18 日晚，时任德国总理的默克尔发表全国讲话，她称德国正面临第二次世界大战后的最大挑战。为解除人们对"限制令"的恐慌，她说："我向您保证：对于我这么一个极其需要保障外出和行动自由的人来说，这些限制只会在极端必要的时候才能得以通过……但是为了拯救生命，这样的决定又是必要的。"危急时刻，一句"我向您保证"所能产生的能量不可估量。这让我们想起 1933 年 3 月 12 日，由于美国经济大萧条，当受到惊吓的美国储户纷纷从银行提现，大规模的挤兑风潮很可能使国家金融体系崩塌时，罗斯福坐在炉边发表演讲也是用此口吻："我可以向你们保证，将钱存入新开张的银行比放在床垫底下更安全。"他呼吁全国人民重拾信心，不被谣言蛊惑吓倒，只有团结起来才能战胜恐惧。演讲的效果是巨大的，1933 年 3 月 13 日银行重新开业，人们成群结队地去存钱。1933 年 3 月 15 日在宣布实行假日银行后的第一个股票交易日，美国股市迎来了当时有史以来单日的最高涨幅。

2. 激发荣誉感

荣誉感能够成为人们强大的动力，能够激发人们更好地发挥主动性。英国女王在 2020 年 4 月 5 日的电视演讲中说:"我希望在未来几年中,每个人都能为他们面对这一挑战的反应感到自豪。后来人将认为这一代英国人是如此强大。"德国的默克尔也对国民说:"我们属于一个民主制度的国家。我们生活的基石不是强迫,而是共有的知识和共同努力。这是一个历史性的任务,这个任务只有我们一起才能完成。"我们虽然反对战争,但是在战争年代,震撼人心的动员演讲,能够让将士们热血沸腾,摩拳擦掌。拿破仑曾这样告诉临阵的战士:"士兵们!……你们将成为国家的救星。当你们年老的时候,被你们的同胞团团围住,受到你们同胞的尊敬。他们以仰慕的心情倾听你关于伟大事业的叙述……那时你们将可以豪迈地说:'我把叛逆和敌人在巴黎的出现而使那里沾染上的污垢给洗净了。'荣誉归于勇敢的士兵们!归于我们的祖国法兰西!"古往今来,睿智的指挥者都善于通过激发部队的荣誉感和无畏的勇气来提升士气,它是反败为胜的强大武器。

3. 说暖心话,说大实话

面对这场人类前所未遇的疫情,用真诚的态度说实话更能获得人们的信赖和认同。英国首相鲍里斯·约翰逊在唐宁街 10 号讲话，"我每一天都知道这种病毒给全国各地家庭带来了新的悲伤和哀痛，的确，这是（英国）自战争以来面临的最大挑战"。面对恐慌的人群，约翰逊用真诚客观的态度说出大实话，"这场斗争的第一阶段即将结束，"约翰逊说，"我们还必须认识到（病毒）第二次暴发的风险……因为这不仅意味着新一轮的死亡和疾病，还意味着经济灾难。"约翰逊对未来的预设不带遮掩，他的坦然能缓解潜在的恐慌。他暗示人们，有些事实是你无法改变的，但是你可以选择看待它的信念，你的信念将决定你如何理解身边发生的事情。

加拿大总理贾斯汀·特鲁多的妻子被确诊阳性后，他在家带孩子隔离。他在家门口直播时说的话更是如春风般暖心："此时此刻，我们唯一的工作是就确保每个加拿大人的冰箱里始终有食物，确保每个人的房子可以住，负担得起需要的药物费用，银行账户里有钱付账单，而不用为了钱冒险出去工作。从现在开始，最重要的就是希望你们每个人保护好自己和家人的安全……目前最重要的就是待在家里陪家人，剩下的事交给政府就行了！"当不少加拿大人都活在恐惧和生活窘境之中时，加拿大政府站出来喊话："别怕，你们只需要在家陪家人，剩下的都交给我们！"比起豪言壮语，温暖的话更是沁人心脾。

4. 坚守科学

口号只能在精神层面提振士气，面对疫情，如惊弓之鸟的人们还期待着技术层面的庇护。年逾八旬的美国传染病领域的顶尖专家安东尼·福西（Anthony Fauci）博士，因其科学准确地向公众解释新冠病毒而广受尊敬。福西曾多次在公开场合表示，"在美国，暴发疫情基本上是不可避免的"。2020 年 2 月 29 日，福西在白宫新闻发布会上说，"新冠病毒在美国的传播已经达到了大流行的程度"。福西也因为"讲话诚实"和纠正特朗普而声名鹊起。福西一直以现实主义的态度提供冷静的事实，来反驳美国总统做出的一些"松散和情绪化"的讲话。作为"美国抗疫队长"的福西，谨守医学的专业门槛。他认为，公众需要可靠、易懂的医疗信息，尤其是在危机期间。

中国国家传染病医学中心主任张文宏，堪称中国医学界第一"网红"。他个性耿直，坚守科学抗疫，提出未来抗疫要有三个武器：第一，疫苗的充分注射；第二，抗病毒药物和其他药物，包括中医药等的有力支撑；第三，我们要有非常充足的医疗冗余度。张文宏传播科普知识，不仅可靠，而且简单、易懂、顺口，传播力非常强。例如，"防火防盗防同事"，给复工中放松警惕的人敲了警钟。再如节后复工而防控面临挑战：

"现在开始，每一位都是战士，这点很重要。我们只要闷两个星期，就把病毒给闷死。你现在在家里不是隔离，是在战斗、在闷！你觉得闷，病毒也被你闷死了！"张文宏医生以科学为底层逻辑且通俗易懂的讲话引发了全网刷屏！

　　在抗击疫情的工作中，涌现了各种有效的方法，物质投放、民生补贴、评奖评优都取得了非常好的效果。还有一种举措也是不容忽视的，那就是演讲！演讲成本低、传播效果好、富有引导性，而一场打动人心、饱含真情的演讲，正是危急关头凝心聚力的武器之一。

第二部分

设计你演讲的亮点

从『讲好』到『引爆』

第 4 章

好技巧
征服听众的要诀

演讲，也是"眼讲"

演讲者最孤独和最不孤独的时刻，都是面对听众的时候。独自一人站在空旷、无处躲避的讲台上，有时感觉就像在丛林里被一群猛兽虎视眈眈地包围着，不但不知所措，而且连眼神都无处安放。所以，常常有人问我，演讲的时候眼睛应该看哪里？是看着听众的头顶好，还是盯着听众的眼睛好？是看着坐在前排的人，还是望着坐在后排的人？我告诉你，如果你已站在讲台上，才意识到这个问题，甚至你的眼睛开始转向礼堂的屋顶，那么你的演讲不会成功。

眼睛是心灵的窗户，若我们给眼睛安装上一块磨砂玻璃，那听众看到的将是我们空洞的心灵。我曾经看过一位演讲者，从开讲的第一句到结束，眼睛自始至终看着天花板，而听众只能看他的下巴。尽管台词很熟练，内容也很丰富，可惜他没能得到期盼的反应和掌声。自从有了 PPT，很多演讲者仿佛给自己的目光找到了更好的去处，留给听众的就只有演讲者的后脑勺了。苹果公司的 Keynote 演示软件，可以让演讲者轻松地朗读准备好的备注，观众只看投影仪上的幻灯片就好了。只要你的备注写得足够口语化，即便你逐字逐句地大段诵读，听众也发现不了这个秘密。不过你的眼神不在听众身上，他们一定会觉得你"目中无人"。所以，电视气象预报员为了避免这种情况发生，故意把绿屏和台词提示器无缝组合起来，使预报员在播报时能够一直面对摄像机，确保听众接触到自己的视线。

心理学研究表明，在人的各种感觉器官可获得的信息总量中，眼睛获得的信息要占 80%。在我给诸多企业家做上市路演辅导的经历中，我发现他们在练习演讲时常常羞于展示富有自信力和领导力的眼神。实际上，在路演之前，投资人对该公司的情况和数据报表已经了如指掌，之所以还不轻易拍板，是因为他们还要接触一下演讲者，试图通过观察来判断这是个怎样的人，希望从他的眼神及眼部周围肌肉的微小变动中获取诚实、守信、真诚和自信等信息。

1. 用眼神开场

我常常和我的教练对象与听众分享一个经验。当你演讲时，走上讲台（如果没有讲台就走到听众面前），千万不要急于张口。请先准备好你眼神里的内容，如果你希望马上取得听众的信任，眼神就要坚定、诚恳；如果你希望马上拉近与听众的距离，眼神就要真诚、友善。具体的做法可以是，先诚恳地扫视一下距离讲台前方2/3远的听众，目光从左到右，再回到中间，定神定睛。同时，用你的微笑和眼神告诉他们：我对你们很感兴趣，我已经做好了和你们分享的准备。这时，他们会安静下来。当演讲厅静下来时，说明听众已经为你的演讲储备了更多的关注力。如果你掌握了营造和把控这种安静的能力，就为整个演讲的能量场，以及保证能量在场内自由地流动打下了很好的基础。在人类文明史中，演讲者大多是那些首领、国王或法老。然而，因为权力的遮蔽，很少有演讲者注意到他所拥有的这种力量。如今，许多演讲者的双脚还没站稳就急于张嘴，白白浪费了听众赋予他的这种力量。

2. 用眼神拉近听众

眼睛的力量可以追溯到生命最初的阶段。美国的医学博士马歇尔·克劳斯（Marshall Klaus）是一位著名的新生儿专家，他专注研究母亲和新生儿的行为。他发现孩子在婴儿阶段，母亲与孩子在同一垂直平面上做头挨着头、脸对着脸的目光交流时，婴儿不会像平时那样扭动身体或四下张望，而是把注意力集中在母亲身上，感受到母亲关注的婴儿在这个时候进入了一种神奇的状态——"安静警觉期"（Quiet Alert）。在这种状态中，婴儿对外界的注意力最集中，也是宝宝最希望与母亲交流、认识环境和玩耍的最佳时间。

如何把听众带入"安静警觉期"？你不妨这样来控制自己的眼神：在脑海中把听众分为 A、B、中间、C、D5 个区域，以"Z"字形的方式，从听众群的左上角开始，随机面向每一组讲 3～5 秒，即先向 A 组（左边后排）的听众讲几秒，然后和 B 组（右边后排）的听众说上几秒，再挪到中间的听众，而后是 C 组（左边前排），最后移到 D 组（右边前排）。当然，在下一个循环开始前，我们可以变换一下次序，例如先从 B 组开始……变换次序是为了让演讲者不要像摇头电扇那样匀速地转来转去，让演讲更加自然、生动。

　　就算有数百位听众来听你的演讲，只要你能正确地使用你的双眼，大多数听众仍然会觉得你在直接和他们讲话。例如，你在 A 区域一大群人里挑一个人，把目光停留在那个人身上，你一次只看一个人，并且直接对他说话，在一个观点或一种思想表达完毕之前，你的目光要一直看着他，这样他周边的 10 个人都会认为你在看着他们。在讲下一个观点时，继续用一对一的眼神与另一个听众交流，这种个人之间的联结有利于你控制整个会场。这种方法在演讲中用得较多，眼神在演讲中的重要程度不亚于语言表达。当然，我们要记住，在演讲结束的时候，应当力求与每一位听众至少有一次眼神交流。

3. 用眼神牵引情绪

　　得体地运用眼神，会为你的演讲增光添彩。我们还可以通过眼神的切换与变化，呈现我们丰富的内心视像，从而牵引听众的情绪。短暂地闭上眼睛，就是增加眼神交流变化的一种方法。我听过这样一次演讲：演讲者上台后，突然把手从身后拿出来，现场听众看到他手里紧紧攥着一朵玫瑰。他闭上眼睛，对着花足足闻了好几秒。现场听众对他这种陶醉的举动感到困惑，都屏住了呼吸，想看个究竟。这时，他突然睁开神采奕奕的双眼，开始他的演讲。演讲的大致内容是：有时事业顺风顺水，好事连连，如这朵美丽绽放的玫瑰，香气四射；突然有一天倒霉的事发生了，你丢掉了工作，失去了多年的爱情，坏运气接二连三，就像凋零的花瓣（他用手把它们片片撕下，眼神也跟随着掉落的花瓣暗淡下来）。在这样一场演讲中，我们发现眼睛似乎比嘴巴更会说，甚至更敢说。在与人面对面时，嘴巴能说出此刻的情形，眼睛却不经意地传递着说话人内心的情绪。有时候，眼神接触反倒是更直接、更有力的沟通工具。

演讲，不仅用嘴，还要用眼。如果你用眼神打动不了听众，他们的手机就会将你取而代之。演讲，也要演，不过演讲演的是细节，而这些细节常常都在你的瞳孔里。

要人记得牢，观点变口号

在一场演讲之后，如果人们记不清其中的细节，但他们记得你的口号，那么这场演讲就成功了。借助口号给演讲内容抛光、打磨、提气，老练的演讲者都深谙此道。如果按人气排位，历史上著名的演讲者中人气最高的恐怕要算马丁·路德·金了。提到这位美国民权运动领袖的名字，人们的脑海里几乎会同时蹦出"我有一个梦想"（I have a dream）。

马丁·路德·金的"我有一个梦想"的演讲的影响力之大由此可见一斑，它先后被翻译成多国文字，也编入了我国高中语文教材。1963 年 8 月 28 日，马丁·路德·金在林肯纪念堂做了这场演讲，一举成名，被当年美国《时代》周刊选为第一号新闻人物，1964 年又获得诺贝尔和平奖。在美国民权运动之前，饱受歧视的黑人不止他一个，他也绝不是那个时代唯一伟大的演说家，有关争取民权的主题也并非只有他一人讲，但马丁·路德·金只抓住"一点"讲，并把这"一点"凝练成一句口号——"我有一个梦想"，实在高明。

我们回顾一下其中的片段：我梦想有一天，这个国家会站立起来，真正实现其信条的真谛，"我们认为这些真理是不言而喻的——人人生而平等"。我梦想有一天，在佐治亚州的红色山岗上，昔日奴隶的儿子将能够和昔日奴隶主的儿子同席而坐，共叙手足情谊。我梦想有一天，甚至连密西西比州这个正义匿迹、压迫成风的地方，也将变成自由和正义的绿洲。我梦想有一天，我的四个孩子将在一个不是以他们的肤色，而是以他们的品格优劣来评价他们的国度里生活……"

马丁·路德·金讲述了林肯解放黑奴的历史，揭露了黑人当时的悲惨生活，用一连串的"我有一个梦想"，正向表达了对自由、平等的渴望，把未来美好的"梦"描述得真切感人，将演讲步步推向高潮。"我有一个梦想"的口号响彻林肯纪念堂广场的上空，经久不散。当时听众多达 25 万人，台下与会者无不为之感动。试想一下，假如把马丁·路德·金的口号改成"既要……又要……"，情况又会怎样呢？

把观点凝练成一个中心口号，可以使主题更鲜明，不仅让听众明确你要讲什么，也能增强演讲的感染力和传播力。设计统领全局的口号我们需要把握三个要点：

1. 短小精悍，合辙押韵

我们先来看看一些商家的广告是如何做到短小精悍、合辙押韵的。例如，阿里巴巴：让天下没有难做的生意；IBM 公司：没有不做的小生意，没有解决不了的大问题；伊莱克斯冰箱：众里寻他千百度，想要几度就几度。还有一些形象化的描述，如大众甲壳虫汽车：想想还是小的好；三菱电梯：上上下下的享受，上海三菱电梯。

其实设计演讲口号和设计广告异曲同工。演讲口号一般以短句呈现，是演讲者用来诠释主旨、方便听众记忆的工具。我有一位客户的公司墙上贴满了标语，"创造有魅力的质量，造就忠实顾客群体""质量是企业永恒的主题",可惜员工出出进进都视而不见。管理者发现问题后,打算就此做个专题演讲,好好强化一下公司愿景。内容还是墙上的内容,主题仍旧不变,那只能对墙上的口号"动手术"了。起先管理者有些不舍得删减,几经讨论,他的新口号终于出炉了:"今日的质量,明日的市场。"这一改,字数压缩了,听上去也顺耳多了。在口号提炼的过程中,他很有体会:"这下感觉意思到位了,味儿也足了,说着也朗朗上口了。"更让他惊喜的是,员工听得"入耳了",这句口号在车间、食堂常常此起彼伏,并且员工在行动上也做出了快速有力的响应。

　　在训练管理者面对媒体的口语呈现这一点时,我通常给客户这样的建议:最好把你的观点整理成口号,并给它打磨、抛光,让它合辙押韵,优美对仗,富有音律感。毕竟容易被铭记的口号,宣传力度才大。电视台的编辑常常在众多的音像资料中,捕捉那些引人注目、具有生命力的语言去发布。有人明明讲了很多,最后在镜头里的露面却少得可怜,这是因为他的"金句"没有凸显出来。

2. 原创、独特,表述到位

　　把你的观点整理成口号,要考虑两个方面:一是必须是新鲜出炉的；二是必须简单务实，意思明确，避免产生歧义。例如，"预见我们的未来""找回我们的客户"，这种按常理出牌的思路，已经让人失去了新鲜感。"重燃公司希望""企业家精神与创新"这样的口号可能会被指责过度使用与雷同。再如，"治愈、激发、恢复"，单个词可以成为有效的竞争口号，但整体听起来像是在做温泉广告或在推销能量饮料，可能会产生歧义。而像"别对我撒谎""外表不是全部""如何走出低谷""我不想一个人说了算"等，既不令人费解，又可以避免雷同。像"成功的定位与定位的成功""做你一切能做的"，应该是比较成功的口号，因为它们目标明确，直接瞄准的目标听众是那些渴望实现人生价值的年轻人。

3. 发出明确的行动信号

人们常常在台上讲了半天，却忽视了演讲真正的目的。TED演讲目的非常明确，传播一切可以传播的思想，影响别人的行为。例如，睡眠专家讲睡眠对人的重要性，用科学的方法指导听众改善睡眠质量。听了他的"睡眠是你的超能力"的演讲，大家有强烈的、跳出以往睡眠误区的意愿，并开始积极正确地行动。

在西方国家，口号是总统竞选的一个至关重要的部分。短短几个字，必须总结出候选人的品牌，加入鼓舞人心的成分，最终还要落实到选票上。奥巴马时代，几乎每个美国人都能随口说出下面其中一句："是的，我们能""希望和变革""这是我们的时刻"。奥巴马重复使用这些口号，用口号感染民众，把观点深深刻进听众的脑海里。2016 年的总统大选期间，美国人抢先对竞选者的口号做了排名，希拉里·克林顿被排在最后——第 8名。她的口号是："普通美国人需要有人去捍卫他们的利益，我希望能成为这个人。"（Everyday Americans need a champion. I want to be that champion.）虽然这是她在电视声明中使用的一个句子，并非其官方口号，不过这句话在她的网站上占据显眼的位置。人们认为"我"过于以自我为中心，而用"我们"替代或许尚可接受。希拉里最初的口号没能鼓动起选民投票的劲头。被评为第 1 名的是迈克尔·赫卡比（Michael Huckabee）："从希望再上一层楼"（From hope to higher ground）。其核心是鼓励人们从希望开始，快乐、积极地到达理想高地。相较其他竞选者，赫卡比的口号传达出了明确的行动信号。

　　TED 演讲为传播经典口号设立了专门的网站，收集并且发布了 2000 多条演讲者精彩独特的口号："如果你没有做好犯错的准备，就永远不会有任何创举"（肯·罗宾逊）；"不要仅为了成功而假装，要把它内化到你的灵魂里"（艾米·卡迪）；"失败是你其中一个选项，但畏惧不是"（《阿凡达》导演卡梅隆）。TED 网站寻找口号的目的是把它作为视频标题，去吸引更多人点击和观赏。我也听过不少并非名人的演讲，让我至今印象深刻的是那些直指行动的口号："信任你自己"（Just trust yourself）；"你欺骗生活，生活就会欺骗你"……

总结：如何打造一个伟大的口号？不冗长，不笨重，最好不超过 12 个字，还要看它能否通过语言传导，在人们的大脑中形成动能和冲击波，引发行为的改变。但是请注意，口号不能空洞，不能为口号而凑口号，此外，不是每篇演讲都要用口号的。口号有点题型、激励型、描述型等不同的类型。例如，我有一个梦想属于点题型；"好的思想永远值得被更多人知道"属于激励型；"今天很悲惨，明天很艰难，后天很美好"属于描述型。

如果你能娴熟地把观点精炼成口号，你就向高级演讲者的行列又近了一步。高手们曾说："不要问国家为你做了什么，而要问你为国家做了什么？"（肯尼迪）；"我们常常无法做伟大的事，但我们可以用伟大的爱去做些小事"（特蕾莎修女）。口号铿锵，给人力量，通过口号统领演讲，激发听众的认同感，去尝试找到你的王牌口号吧！

一叹三叠，重要的事说三遍

我们学会了打造一个能让人铭记的口号，仅完成了这一步还不够。一个绞尽脑汁、精雕细琢提炼出来的主题或口号，如果在演讲中只闪现一次，给听众留下的印象不深，岂不可惜？这往往是演讲者容易忽略的一个问题，即便是西蒙·斯涅克这样的演讲天才在他的"伟大领袖如何激励行动"的演讲中，一句精湛的口号"从为什么开始"，也仅仅提了一次，令人不禁惋惜。下面我们来看一个正例。

在 TEDx 女性大会上，我听到一位女性高管谈她一波三折的工作成长经历，故事性很强。我之所以记得如此清晰，是因为她在演讲中多次提到"读书、赚钱、顾家"这几个词，故事也是随着这几个词展开的。开场她讲到了母亲从小受外公的影响，外公要求母亲学会"读书、赚钱、顾家"；接着她说，母亲教育自己的几个女儿，也是要求学会"读书、赚钱、顾家"。她自嘲，有时候工作好艰难，觉得好累，但就是停不下来，因为习惯了"读书、赚钱、顾家"；日子好过了，还是停不下来，只会"读书、赚钱、顾家"，引发现场一片笑声。在演讲中，她有意识地让主题不断重复出现、放大，借此深化论点，获取听众的注意。演讲结束，听众对那些由关键词串起的重点很难忘。

　　一波又一波地反复吟唱，这种方法源于史诗。中国古典戏曲、民乐也运用"一叹三叠"。"三叠"即同一个曲调要反复唱三次，回环往复，加深语气，用现代人的时髦话叫作：重要的事情说三遍！因为听众容易忘记，即便再伟大的口号，也要靠演讲者自己不断去强化它，变着法子吟诵它，才能在人们的头脑里形成一个冲击波，经过无数次的刺激，人脑才能深化记忆。如何运用这一技巧？其实非常简单：挑选一个元素，然后重复它。我们来看看方法有哪些？

1. 首语、尾语重复

　　马丁·路德·金在"我有一个梦想"的演讲中，像诗人般激情澎湃地吟诵着"I have a dream……"，他这种手法的高明之处，就是在一段话中的每一个独立分句的开头都使用同样的句子，这种表达叫作"首语重复"。首语重复带来的节奏感与韵律美，大大增强了通篇演讲的气势。无独有偶，公元前 44 年，古罗马行政长官布鲁图和 60 名元老院议员杀死独裁者恺撒后，向市民发表演说："这里有谁自甘卑贱做一个奴隶？要是有这样的人请说出来；因为我已经得罪他了。这里有谁愿意自居化外，不愿做一个罗马人？要是有这样的人，请说出来；因为我已经得罪他了。这里有谁愿意自处下流，不爱他的国家？要是有这样的人，请说出来；因为我已经得罪他了。我等待着答复。"在这个演讲片段中，"这里有谁"用于句首，重复三次，朴实、诚恳，非常动人。

"尾语重复"就是把主题放在演讲的结尾处重复讲。我参加某行业协会的会议，听到一位企业家角逐协会委员的竞选演讲。针对每年会员流失情况，他讲述了自己作为新会员曾经被冷落的"悲惨遭遇"，引起听众阵阵笑声。接着他表示如果自己有幸当上委员，要在发展保留会员方面多做贡献。他在结尾处喊了一嗓子："新人不能少，老人不能跑；新人不能少……重要的事说三遍！"把演讲气氛带入高潮，充分调动了大家的投票热情，最后他如愿以偿地高票当选。尾语重复，这个方法在他的演讲中用得很到位。

2. 点阵式重复

"求知若饥，虚心若愚"是乔布斯在2005年美国斯坦福大学毕业典礼上送给毕业生的谏言。他勉励学生带着傻气勇往直前，"要有追随自己的内心和直觉的勇气，

因为你的内心早已知晓你要成为什么样的人"。在演讲
的最后部分，他将"求知若饥，虚心若愚"的口号安插
在不同处，反复吟唱了三遍。这也是乔布斯"我生命中
的三个故事"之所以产生巨大张力和能量的原因之一。
此演讲的网络点击量突破了 1500 万次。令人伤感的是，
"求知若饥，虚心若愚"竟然成了一代天才大师送给年轻
探求者的最后绝唱。

3. 借助图标重复

　　在宣传产品方面，乔布斯更是有其独到之处。乔
布斯主讲了许多场发布会，如果说要选出气氛最热烈、
过程最激动人心的一场，一定是 2007 年那场第一代
iPhone 发布会。2007 年 1 月 9 日，在美国旧金山举行
的 Macworld 大会上，在大家还不知道 iPhone 是何物的
时候，乔布斯说："今天，我们将推出三款革命性产品！
第一款是带触摸功能的宽屏 iPod，第二款是一部革命性
手机，第三款是一款划时代互联网通信设备。"接着，乔
布斯让这三个醒目的图标在屏幕上重复旋转，自己像同
声传译那样重复那几个词：iPod、手机、上网。一叹三
叠，把现场气氛推到了沸点。当听众欢声雀跃，急切等
待这三款产品的问世时，乔布斯才微笑着缓缓揭开谜底：

"以上并不是三款产品，而是一款产品，我们将其命名为 iPhone！"这就是历史性的一刻，也是 iPhone 发布会最重要的看点之一，乔布斯将高超的演讲水平和精良的演示图标结合得天衣无缝。

4. 变奏式重复

知名学者饶毅教授做过很多次演讲，而 2015 年他在北京大学本科生毕业典礼上的致辞，传播最为广泛。演讲全文共 535 字，用时仅 3 分 56 秒，却获得了 9 次掌声。他的致辞紧紧围绕着一个主题：做自己尊重的人。值得我们学习的是，饶毅教授重复的方法，并个是简单地"复制粘贴"，而是用和"做自己尊重的人"意义相近的词来重复主题："对无神论者，也就是中国大多数人来说，自我尊重是重要的正道""赢得自己的尊重并非易事，但却很值得""自尊支撑自由的精神、自主的工作、自在的生活"等。他就像在演奏一首古典乐曲，积聚力量，同音重复，而且这种变化的重复不呆板，穿透人心。

在古典音乐里，主题（主旋律）是一首乐曲中经常重复的旋律，是整个作品的灵魂。在主题再次出现时，往往不是简单重复，有时只重复其中一两个乐句，有时采用变奏形式。乐曲的旋律在作曲家的精心编排下丝丝入扣，交织出一首完整的作品。演讲的主题也应该像主旋律一样单纯，其他只要复述和主题有关的字眼，就像重复演奏主旋律的一两个乐句，作用和变奏一样。善用这些方法，听众就能把这个主题铭记在心，并时常哼鸣。

演讲中的口号出现的频率可高可低，但至少要重复三次，在合适的地方反复使用，储蓄能量。当然，我们要重复的是那种震撼人心、激发听众的口号，重复平庸的口号只会令人生厌。在写作这部分内容时，我把几份演讲稿中运用重复技巧的内容拿出来又仔细数了一遍：乔布斯在斯坦福大学的演讲中"求知若饥，虚心若愚"提了 3 次，饶毅"做自己尊重的人"提了 6 次，马丁·路德·金"我有一个梦想"提了 9 次，奥巴马在某次演讲中"是的，我们能！"共提了 10 次。你看，"重复"可是大人物都在使用的高招。

当然，"重复"这种技巧并非专供大人物使用，我们也可以效仿，只要使用得当，便能让演讲增添光彩。"重复"可以用在任何类型的演讲中，尤其对一些特定演讲场合来说，会显得更有感召力。例如，领导激励员工的演讲，公益组织倡导行动的宣讲，欢迎词、答谢词、校园招聘、战前动员等，以及任何你想要增强气势、提升说服力、鼓舞人心的场合都用得上。特别是在分享你的愿景时，使用"重复"的方式来描绘蓝图，更能增强画面感，提升说服激励的效果，激发听众的积极性："请到我们山村来……""××公司是个……"如果想让听众记住你的观点，最好的办法就是一遍又一遍地重复你要强调的内容。重复是个技术活，能够有效提升演讲的感染力、影响力，使之爆发出更大的能量。

自黑 = 自信

"自黑"算是幽默的最高境界了。成功的演讲者常常会巧妙地拿自己"开涮"，借此拉近与听众的距离，活跃现场气氛，为自己获得"满堂彩"。

1. 自黑，让你更接地气

张文宏做的科普，大众听得懂、记得牢、传播力强。他不仅是位演讲高手，还是位段子手。他的充满个性的金句和类似 TED 的演讲，是"捕获"人心的"利器"。大家称他"网红"，张文宏说，"我不叫网红，叫文宏"。在一次演讲中，提到 H7N9 病毒目前只具备有限人际传播能力时，他说，"在感染的病例里，大多数传染给自己的母亲，却没有传染给自己的老公——所以在那一刹那，我

对爱情产生了怀疑"。听众在开怀大笑之后，对"H7N9
病毒传染性没那么强"的认知就印到了脑子里，也更容
易理解张文宏随之补充的结论——这就是 H7N9 病毒依
然叫禽流感，不改名叫流感的原因。网友评论张文宏道：
"医学界的郭德纲，把枯燥的医学知识讲得津津有味，把
科普说成相声。"

有人拿着钟南山院士的健身照给张文宏看，他说自
己欣赏爱运动的院士，但成为不了那样的人："我不能甩
一身肌肉给你们，我根本没有。我办过几次健身卡，有
的一年只去了两三次；有次刚锻炼几个月，健身房就关
门跑路了，最后我觉得吃亏的都是我。"他对自己当今的
"红"有自知之明："你以为大家爱听我讲话啊？等过了
这个事情，大家该看电视的看电视，该追剧的追剧，谁
要看我啊？"从演讲角度来说，张文宏并不那么完美。他
的普通话不太标准，说的是上海普通话、浙江普通话；
他的手势过于频繁；他的语速飞快，令人应接不暇，但
这些瑕疵并不影响他的演讲的巨大传播力。他的幽默与
真实能让人听得津津有味，让听众心甘情愿地跟着他的
节拍走。张文宏是个主动拿自己开涮，不矫情、不做作
的医生。从这个视角出发，老百姓的确喜欢。

善于自黑的演讲者不仅有着风趣的言谈，也有着豁

达的心态、乐观的精神。恰到好处的自黑，不仅不会贬低自己，而且会在自己与听众之间搭起了层层台阶，传达善意，与人同乐。

2. 自黑，彰显你的智慧

美国第 16 任总统林肯的长相谁都不敢恭维，他本人也从不避讳这一点。一次，在竞选中，对手道格拉斯与林肯辩论，指责他说一套做一套，是个地地道道的两面派。林肯回答："道格拉斯说我有两张脸，大家说说看。如果我有另一张脸的话，我能带着这张脸来见大家吗？"他的话逗得满堂爆笑，连道格拉斯也笑了。林肯嘲弄自己的短板，再引申发挥。这种尖锐而不刻薄的反击，充分彰显了他的气度和智慧。

在风靡全球的 TED 演讲视频中，我们看到很多演讲者都身怀自黑绝技。2008 年 3 月，美国神经解剖学家吉尔·泰勒（Jill Taylor）博士做了一场激励人心的 18 分钟演讲。她讲述了自己左脑中风后，右脑的神奇开悟经历。她描述了自己中风那一刻的情形，引得观众哈哈大笑。她说："我意识到'天啊！我中风了！我中风了！'当时，我的第一反应是：'哇！这太酷了！有几个神经学家能有机会研究自己的大脑啊？'"这时，吉尔博士像喜剧演员般地抓住了这一表现幽默的最佳时机："紧接着我的脑袋里又蹦出来一个念头：'可我那么忙，哪有时间中风！'"

1862 年，美国著名黑人律师约翰·罗克（John Rock）在一次听众都是白人的大会上，发表《要求解放黑奴》的演说。他以自嘲开路："女士们，先生们：我来到这里，与其说是发表演说，还不如说是给这一场合增添一点点'颜色'……"此言一出，台下的白人听众哄堂大笑。一个黑人，面对清一色的白人，演讲主题又如此敏感，言语稍有不慎，就会引发双方的矛盾冲突。罗克睿智地拿自己的肤色来调侃，瓦解了听众因种族差异造成的敌对情绪，融洽了演讲者与听众的关系。

自黑能使演讲者更加从容，也能让听众更加放松，不仅让演讲者在舞台上迸发智慧，而且通过以柔克刚的方式，让别人无法向自己"开炮"。自黑是一种胸怀，是一种勇气，更是一种智慧。

3. 自黑，引爆亲和力

能够自黑的人，不仅仅是内心强大的人，也是亲和力爆表的人。罗永浩参加综艺节目《脱口秀大会》的首秀，即收获了全场观众的喜爱与赞誉。他的开场就是对欠债 6 亿元的自嘲："如果你欠银行 100 元，那是你的烦恼。如果你欠银行 1 亿元，那是银行的烦恼；我一想，我 6 亿元，干翻 6 个银行了，所以我就觉得自己很厉害……等我们的这些债务真的全都还完之后，可能会拍一个纪录片，来记录这样一段诡异的人生旅程。这个纪录片的名字我都想好了，就叫《真还传》。"2014 年俞敏洪在浙江大学"大学生创业高峰论坛"的讲话中，提到电影《中国合伙人》中自己的银幕形象时，他说："我的大学生活确实要比电影中描述的悲惨得多，因为电影中的成东青还谈过恋爱，可是我在大学里从来没有被女孩爱过。唯一爱我的人就是徐小平，还是个男的。"俞敏洪在很多场合的讲话当中，都会集中"火力"向自己"开炮"，敢于自黑。

自黑是一种勇气，也是一种能力。演讲者通过自黑获得观察世界的独特视角，这种视角与听众的视角发生偏差，就会造就新奇感、意外感和幽默感，从而牢牢抓住听众的注意力，拉近与听众之间的距离，建立强有力的亲和力。

我建议我的客户在一次演讲里，最好能埋设几个幽默点。他们说，其实自己真想，但就是幽默不出来。每过一段时间，我都会问同样的问题，你最近哪次演讲让听众笑了？因为你说了什么？有的想了想告诉我，是在介绍自己时说了句，"我，三块豆腐高"；有的回忆起某个场景，"各位，我这会儿稿子实在背不出来了，我能拿出来读吗?"还有的在国际舞台上演讲,把英语两个相近的发音搞错了,在说到治理沙漠环境时,把"沙漠"(Desert)说成了"甜点"(Dessert),让全场听众忍俊不禁。演讲结束,主持人总结道,"是的,我们真希望把沙漠都变成甜点"。再次引爆全场,那天因为出"洋相",他成了全场的明星。

小结一下,自黑实际上在暗示听众"其实我也不怎么样,别把我看得太高"。放下身段的自黑,能博得听众的认同感,让人觉得演讲者可亲可爱。自黑的人是否特自信?答案是"是"。

示弱,你敢吗

示弱并不是意味着我们不够坚强。示弱是一种能力,是一种处理关系的方式。

2020 年上半年,由于疫情,教育部要求部分中小学生使用钉钉 App 来上网课。学生们因为抗拒上网课,就拿平台来出气,去应用商城给钉钉 App 刷差评。钉钉 App 的评分从 4.9 分跌到 1.6 分。后来学生们听说一个 App 的评分要是低于 1 分,就会被强制下架,于是学生们刷差评的动作更加疯狂,在他们不懈努力之下,OPPO 应用商城的钉钉 App 被下架了。面对这种情况，钉钉是什么反应呢？它并没有抗议，而是在 B 站发布了一首歌"钉钉本钉，在线求饶"，进行了一场卑微的示弱，让学生们十分解气，于是学生们开始手软了，钉钉就这样完成了一场差评危机的破局。有时候，要强可能让人觉得是一种计较，而示弱却看起来更像是一种示好，示弱是用一种柔韧的姿态面对这个世界。

据说当年雕牌洗衣粉曾遭遇危机，公司面临巨大挑战，管理者着急了。于是他希望通过一则广告把现状和挑战都反映出来，并且他要亲自参与广告策划。广告成品中的三个电视镜头是这样的：一个下岗的妈妈到处找工作，跑了一天，累得不行，结果还是没找到；孩子把衣服、肥皂粉放入洗衣机后睡着了；妈妈回家天已黑，孩子稚嫩的笔迹字条配上画外音："妈妈，我能帮你干活了！"这个广告打动了无数家庭妇女柔软的心。雕牌洗衣粉起死回生，而且一下子占了全国 80% 的市场份额。据说宝洁公司对此十分不解，立即开展市场调研。调研中一条非常有代表性的回答是："人家都这么惨了，我们买点雕牌洗衣粉算什么？"示弱不是软弱，有时候很可能是一种以退为进的策略，运用得当，方可蓄力，关键时刻发挥力挽狂澜的作用。

1. 女人示弱，温柔而坚强

　　女性高管在职场上常常会把自己坚强与要强的一面呈现出来，而把内心的温柔与感性包裹住、控制住。我的一位女性高管朋友，是一家上市公司的董事长。一次，在股东大会上，她刚讲完公司的发展历程，坐在台下的股东（股民）们便开始叽叽喳喳争论起来。尽管这位女董事长尽显强势，但场面一度陷入混乱，准备好的发言内容显然是无法进行下去了。那时她的父亲刚刚过世，她的情绪也未能如往常一般稳定，所幸她临时调整了发言内容，向股东们打开了心扉："在这个项目非常紧张的特殊时期，我的父亲突发疾病。我因没有时间去看他，没有花更多精力陪伴他、照顾他，感到十分内疚，我欠家里的情啊。每当想到父亲在病床上痛苦的样子，我都心如刀绞，是我没有尽到一个女儿的职责。因为我先生被外派去国外工作，无法照顾家里，所以我父亲在世的时候，他每天要换三辆公交车到我家，为我的女儿做饭。想到这些，我更加揪心，父亲为我付出那么多，而我却没有在他最需要我的时候给他帮助……"

　　这时候，全场顿时鸦雀无声，那些愤愤不平的股民安静了下来，接着有人说道："没想到你一个女强人，为了我们家里都不管。""你真的不容易、不容易啊。"听到大家对女性企业当家人从质疑批评到理解支持，这位女董事长已经满含泪水，她接着讲道："父亲走了以后，我会继续努力把公司的事情做好。父亲在世时，他支持我全身心地工作；父亲不在了，我仍然会一如既往，把工作做好，让大家能够看到自己的投资会有稳健的回报的。"让人没想到的是，她这一段饱含真情的发言，打动了现场所有股东。股东们听进去了真情，也听进去了道理，会后还有不少人请她签名留念。

在这里，我们会不自觉地联想到另一位女人。数年前差点登上总统宝座的希拉里，她的竞选背景和演讲技巧似乎无懈可击，最后却屈尊为国务卿。2016年大选拉开了帷幕，接近希拉里的人士认为，希拉里一向给人过分硬朗的女强人作风，这份硬朗往往伴随着强硬与粗暴，这对参选总统未必是件好事。她还需要让选民看到其亲民的一面，适当的示弱，收起锋芒，反倒让人觉得她更有人情味儿。

2. 男人示弱，不是脆弱

《哈姆雷特》里有句经典台词："脆弱啊，你的名字是女人。"一直以来，脆弱仿佛成了女性的"专利"。那么，演讲中"示弱"的法则对男性适用吗？2011年，里克·伊莱亚斯（Ric Elias）在 TED 的演讲感人至深：他有过一场生死攸关的飞机失事的经历，在他认为生命即将结束的那一瞬间，他的脑海中闪出三个念头：想做的事要马上去做、摆脱生活中的负能量、当一个好父亲。他说："……那种悲伤源自一个想法，那是我唯一的心愿，我只希望能看着我的孩子们长大。"说时，他饱含热泪，语速缓慢，声音温柔，几近哽咽，把演讲带入关键时刻。这种真情实感的流露，触动了听众的内心，人们记住了他传播的观点："不要等到飞机失事才想到去改善与其他人的关系，才想到要去做最好的父母。"固然伊莱亚斯演讲的结构和技巧都很好，但是真正将听众带入场景的是他恰到好处的示弱，这种示弱给听众真实感，帮助他把自己体验到的情绪很好地传达给听众，让听众受到感染并有了生动的画面感，沉浸式体验到他想要表达的情感。

还有一位让我印象深刻的男性——林书豪。他在一次哈佛商学院上海中心举办的论坛中泪洒现场。他说："我认为承认自己的软弱之处是展示自己力量的最好体现之一。具有讽刺意味的是，能够接受自己的弱点是你所能做的最强大的事情之一。谁没有弱点？我们都有。但向人们展示你的弱点是你能做的最强大的事情之一。"林

书豪在人们面前示弱一方面是真情流露，另一方面其实
也是他故意为之，他想用自己的真实情感去激励大家继
续和生活中的困难搏斗。没有人是完美的，当你语气恳
切、坦然示弱时，会让人感觉很真实，于是听众会被打
动，"原来他也不完美，他也有着跟普通人一样的短板"。
不完美也可以被爱，演讲者真诚地展示出自己的弱势或
不足，释放自己柔软的一面，能够让听众迅速切换到演
讲者的立场，换来的是信任和支持。

非营利机构国际演讲会对 2014 年的演讲做了盘点，
选出年度七大热门演讲。在分析这些演讲被世人关注的原
因时，沟通教练迪利普·阿巴亚斯卡拉（Lip Abayaskara）
说，尽管每一场演讲都反映出演讲者的"激情和对话题
的深度思考……每个人都有自己的风格，但谦逊和坦诚
示弱，总能赢得观众的倾力支持"。在演讲中，示弱并不
是承认自己失败，往往强者都善于示弱，弱者才会拼命
逞强。

用数字点亮听众

"现在，每天有 500 具棺材运往我们这个城市，它们正
在等待着你，等待着我，等待着我们在座的所有人……"

这是多年前我在美国听到的一个有关交通安全演讲的开场。这一段讲完，在场的听众的心脏似乎坐了一趟过山车，所有人的注意力都被演讲者紧紧抓住。这位演讲者一开场就用数字说事儿，立马俘获了全场听众的心。

人的大脑和视觉系统处理数字要比处理复杂的文字优先得多，所以拿数字说事更容易引起听众的注意。在互联网时代，消费者网上购物的大多数决策也离不开数字，他们习惯性地看看有多少人"购买"、有多少人"收藏"、有多少人"评价"、"好评"有多少、"差评"有多少。商家用数字激励着消费者尽快采取下一步行动。"有 4782 人已经购买""99% 好评率"，与模糊笼统的传统商品描述相比，明确的数字与生俱来地散发着非凡的魔力。湖南省邵东市，这座身处湘中腹地毫无亮点的小城，因为一串数字，便能马上让人对它记忆深刻。这座小城承包了全球 70% 的一次性打火机，每年产量超过百亿，产品连起来能绕地球 20 圈。这就是数字的力量，让一座小城市成为人们心目中的"打火机王国"。

1. 数字 + 变换单位，给听众画面感

一次，我为某个医学界专家交流大会做演讲方面的指导和点评。会前组织者告诉我："我们的医生和医学研

究者都是非常严谨的。"果不其然，上台演讲者大多准备了内容非常翔实的 PPT，眼花缭乱的数据、令人头晕目眩的图表，甚至还大篇幅地保留着蝇头小字的注解，看上去就像一张放大的 4 开纸杂志文章页面，让人触目惊心。据说多数医学演讲都是这样的，因为医学科学得用数字说话。例如，心率、血压、血液、尿液、肿瘤大小，这些要分别通过触诊、听诊、化验、数字影像获得确认。如果研究有对照组的话，还会涉及随机概念、统计分析等。但我们直接把数字摆在听众面前，往往难以达到预期的效果，想用数字让听众理解，甚至发挥震撼人心的力量，就要把它形象化，给听众画面感。我知道我此次的使命是做一条"鲶鱼"[⊖]。我干脆也做了一次对照组实验：上午还是按传统医学演讲的路子走，下午演讲者则"被迫"做新的尝试，目标是让枯燥的数字变得可以感知。例如，"人的一生要走 11 万多公里"，我们换一种说法，变成："据足病学医学协会调查，你的脚在你的一生中要走 11 万多公里，相当于绕地球四周！"11 万公里是个抽象数字，把这个数字换算成"相当于……"就能帮助听众建立一个想象空间。有一个非常经典的广告语，也有异曲同工之妙："香飘飘一年卖出 7 亿多杯，杯子连起

⊖ 意指"鲶鱼效应"。

来，可绕地球两圈。好味道肯定更受欢迎，香飘飘连续 6
年全国销量领先。"7 亿多杯的销售数据，我们很难感受
到，但是后面紧接的那一句话"杯子连起来，可绕地球
两圈"，我们就有了清晰的画面感，并且印象深刻。指导
之后，下午的演讲者开始"尝鲜"，效果非常好。会上有
人谈体会：回想起来，以前在国际医学交流舞台上，我
们显然吃了亏。用外语表达已是我们的短板，再加上演
讲缺乏技巧，我们就会在影响力、传播力方面受到极大
的限制。

2. 数据 + 类比，把大数字降维

在演讲中，我们常常会用到很大的数字，理解大数
字的方法，就是把存在巨大倍数关系的两个事物，都摆
到日常生活中我们可以接触到的尺度上来。例如，劝说
一位正在减肥的朋友不要吃薯片："一包 200 克的薯片含
有 1100 千卡热量，你不要吃，吃了肯定后悔！"朋友听
完，很可能没有什么感觉，1100 千卡热量到底是多少？
他很难对这个数据有概念。当我们换一种说法，就完全
不同了："这样一包薯片相当于 5 碗米饭的热量，爬楼
梯 40 分钟消耗的热量大概 550 千卡，所以你吃上这样一
包薯片，4 天的运动量就白费了。"再比如，美国科学家

此前有一个深度撞击计划，当公布这个试验计划的时候，很多人就担心会引发难以控制的撞击风险。他们的解释是：深度撞击计划就好比让一只蚊子冲进波音 767 客机，完全不会影响到彗星本身的运行轨道。如果不是这么类比，而是用"重量 372 公斤、速度每秒 10.3 公里、4.5 吨炸药、14 层楼那么深的洞"来说明，我们就很难理解深度撞击到底会造成多大的影响。对一般人而言，数据越大，越没有什么概念。这样做个类比，就很容易理解了。所以，只是说出一个数字并不足以征服听众，我们得靠想象力去把这个数字说明白。

3. 数字 + 对比，把说服力放大

经常有企业家邀请我去他的企业做演讲表达与呈现的内训课。在沟通过程中，我偶尔会被问到一个问题："戴老师，您给其他公司完成授课后，课程评分一般是多少分呀？"这个时候，我要是回答 9.5 分（满分 10 分）或者 4.8 分（满分 5 分），其实都会有一个问题，不同人对分数的感知不同，不论我报多少分，他要是没有一个参照系，就很难感受到这个分数究竟是高分还是低分。所以，通常我会这么说："满分是 10 分，我通常的得分是 9.7～9.8 分，而一般 9.5 分已经是非常好的评价了。我参

与过授课的几家公司，除我之外口碑最好的授课老师得分也都在 9.5 分左右。"其中，"9.5 分已经是非常好的评价"和"我通常的得分是 9.7～9.8 分"，就形成了对比。有了参照、有了对比，我说出的评分就突然变得可感了。

在小米线下门店蓬勃发展的那几年，有人问小米之家究竟做得有多好？有人是这么回答的："你知道小米之家的平效是多少吗？答案是 27 万元。意思就是 1m² 小米之家的店面面积，一年能卖出 27 万元的货。这意味着什么呢？小米之家的平效在全球线下零售店排名第二，仅次于苹果零售店。一个小米之家相当于 4.5 个优衣库、6 个海底捞，或者 6.7 个星巴克。北京五彩城购物中心的整体面积约 10 万 m²，其中小米之家的面积在 300m² 左右，但小米之家的月均销售额高达 1100 万元左右，接近整个商场销售额的 10%！"

许多受欢迎的 TED 演讲都包含内涵丰富、极具冲击力的数字，它们成了强化主题的有力推手。直接把数字摆出来，照着读就完事了吗？想把数字讲好还是很有技术含量的。在演讲中，首先用数字引起听众的注意，再用事实进行说明，远比平铺直叙地讲话更吸引听众，而使用变换单位、类比、对比的方式，可以有效降低听众的理解难度，让听众对数字更有感觉。每位想要影响听

众的演讲者都可以这样做：把枯燥无趣的数字盘活，让
听众惊叹去吧！

善用道具，制造"看点"

耳听为虚，眼见为实。演讲不仅要有"讲"的部分，
还要有"演"的部分，一个是听觉的刺激，另一个是视
觉的呈现。演讲者可以借助道具的力量，将演讲内容视
觉化，看得见的演讲更精彩。

1. 道具让演讲意味深长

在演讲中使用道具，会让你的演讲更加生动、精彩、
直观，而且还能使演讲更具哲理意味，深化演讲主题。
力克·胡哲（Nick Vujicic）1982 年出生在澳大利亚，他
生来没有四肢，全身上下只有长在左侧臀部的"小鸡腿"
还称得上一个较为完整的肢体。在 25 岁时，他的"足迹"
已遍布世界各地。胡哲"我和世界不一样"的演讲被称
为"震撼全人类"的演讲，他不仅讲得风趣，还和道具
一起"演"得感人。无数人在听过他的演讲后泪流满面，
幡然醒悟。"我生来就没有手和脚，医学上也找不出什么
原因，但我有这只'小鸡腿'。这里有一个普通的电话，

我想把它抛上我的肩膀，可是我不能保证第一次就能成功。当我失败时，我应该怎么办？（听众：再尝试！）非常好，谁可以给我一阵电话铃声？（叮铃铃）谢谢！大家准备好了吗？（用'小鸡腿'把话筒抛到肩上，用耳夹住）这样棒吗？（热烈掌声）真酷！（台下听众瞪大眼睛见证这个奇迹）我想告诉大家，我刚上学时，很多人都奚落我：'力克，你是个怪人，没有人会是你真正的朋友，你不能做这，不能做那……'可是我无法改变现状，我也不能一觉醒来对老天说，'帮我装上一副手脚吧！我要手和脚！'……"（全场鸦雀无声）。胡哲就是这样开始他那勇往直前、永不言弃的生命奇迹的演讲的。

一位美国朋友告诉我，他也听过一场关于"生命价值"的演讲。演讲者上台后静默了几秒，突然从口袋里拿出一张崭新的美元，举过头顶大声问："谁要这20美元？"不少听众举起了手。他看了一眼大家，说："我打算把它送给你们其中一位，但请允许我先做一件事。"随即他把那张钞票揉作一团，问："还有人要吗？"人们举手的热情似乎并没减弱。"假如我这样做呢？"他直接把钞票扔到地上，用一只脚踩了上去，还转动脚掌碾了2圈。然后，他从脚下捡起这张变得又脏又皱的钞票，问："现在谁还要？"还是有人举起手来。这时演讲者顿了顿，郑重地说道:"朋友们,无论我如何对待这张钞票,你们还是想要它。虽然它现在又脏又皱,但它仍旧是20美元,它并没有贬值!""……人生路上,我们曾无数次被类似的逆境击倒,甚至被欺凌,或许我们也常常觉得自己一文不值,但在上帝的眼中,我们永远不会丧失价值!在他看来,肮脏或洁净,衣衫整齐或褴褛,我们都是无价之宝,生命的价值取决于我们自身!"演讲者借用"钞票"这一人们熟悉的"道具",借题发挥,一步步引发互动,并且引人深思。

2. 道具让演讲印象深刻

有一部叫作《英雄》(Hero)的电影,其中的一段演讲,给我留下了深刻的印象。电影中,主人公是一名记者,他在演讲时,拿了一个洋葱上台。他一边剥洋葱,一边说:"记者的工作就像剥洋葱,遇到一个新闻事件,就会剥开看看下一层是什么;剥开一层再继续往下剥,看看会不会更加刺激观众;剥到最后,我们什么都没得到,除了满脸的泪水。"与抽象的概念相比,视觉道具所传递的信息更加直观,更容易被人记住,也更能够让听众印象深刻。

马克·肖(Mark Shaw)发明了"超级干"涂层,把这种涂层涂在物体表面,可以隔离大多数液体并使物体保持干燥。在 2013 年的 TED 大会上，肖把一桶红色涂料泼到一块白板上，随着涂料往下滴，白板上逐渐出现了用"超级干"涂层涂出的巨型大写字母：先是字母"T"，再是"E"，最后是"D"，这三个字母组成了"TED"。观众惊讶地张大了嘴巴，随后起立欢呼。肖以此独特的方式把握住了全场，也应了 TED 大会之景，这种"演"与"讲"多维度的展示让观众把关键信息记住了。

3. 道具让演讲妙趣横生

在演讲中使用道具，不仅能起到变抽象为直观的作用，还能化枯燥为生动，使整个演讲妙趣横生。教育家陶行知先生的一次演讲相当奇特，他走上讲台，不慌不忙地从箱子里拿出一只大公鸡放在桌上，又抓出一把米，按住大公鸡的头强迫它吃。大公鸡不肯吃，他扳开鸡嘴灌米，大公鸡奋力挣扎，宁死不屈。他随后轻轻松开手，随它爱吃不吃，大公鸡就自己吃起米来。这时陶先生开讲了："我认为，教育就跟喂鸡一样，先生强迫学生去学习，把知识硬灌给他，他是不情愿学的，即使学也是食而不化……"台下一时间掌声不绝。大师用一种活泼直观的方式把道理阐释得妙趣横生。

4. 道具让演讲更具创意

将道具穿插在演讲之中，会迸发出意想不到的创意，让听众更感兴趣。在《我是演说家》的节目里，有一位演讲者带着一个礼品盒走上台，然后他让观众猜礼品盒里装的是什么？观众猜完后，他现场打开礼品盒，拿出里面的"礼物"——一本病历。他告诉大家，这是他今年收到的"礼物"，在这种强烈反差的氛围当中，引出了他的演讲内容——他与疾病搏斗的故事。这种演讲道具的设计在彰显出独特创意的同时，也牢牢抓住了听众的注意力。

我在指导几位 TEDx 的演讲者时，建议他们把演讲涉及的实物带到会场上：让腾讯的演讲者把新产品从口袋里拿了出来；让欢聚集团的演讲者把一摞厚重的、承载着成果的书举起来；让诺基亚的演讲者把第一代诺基亚老手机从背后移到胸前，去诠释产品和思维更新迭代的关系。像这样用实物道具换掉用 PPT 照片展示，效果反而好得多。所以，如果你正要讲述一门技术、描述一个产品，不如直接把它拿出来给听众看，它会使你传递的信息更生动、更清晰，保持记忆的时间也越长。毕竟，我们生活在一个视觉时代，与语言相比，实实在在的道具更容易刺激听众的眼睛和大脑。

一项研究表明，演讲者如果运用视觉辅助的方式，留给听众的印象是：准备更充分、更可信，也更有专业精神。恰当地使用道具还可以使演讲的说服力提升至少40%。科学实验发现，在报告中经过眼睛通往脑部神经的信息要比从耳朵输入的信息多好几倍，人们对眼睛暗示的注意力是对耳朵暗示的25倍。所以，为什么不使用道具来增强你演讲的视觉效果，让你的演讲更有说服力呢？

当然，要让听众有效地"看"到信息，还要关注以下几个方面：

（1）够大或够小。够大，确保听众都能看到展示物，还要把它举到最后一排也看得见的高度；够小，足够方便你带进演讲场地。

（2）够隐蔽。展示物应先藏好，使用时才拿出来；使用后，尽快收起。

（3）够噱头。不妨多提到它几次，但不告诉听众具体是什么。当展示它时，你早就引起了听众的好奇心、猜想和兴趣。

有时候，要想呈现一场别出心裁的演讲，不需要多么复杂。你准备的，可能只是一个简单的道具。

第 5 章

好表达

身临其境，流连忘返

有故事不会讲是悲哀

应该说每个高管、企业家都是有故事的人，可惜他们中有些人往往有故事不讲，而习惯于讲大道理。我接触过一些企业家，不管他们的文化程度怎样，都常常爱用"高大上"的抽象道理教育员工和听众。在演讲课上，平日口若悬河的企业家或高管被请上台去"试讲"，不是讲得干巴巴的，就是道理比故事多，给人一种好为人师的感觉。如何让有故事的人变成讲故事的人？这是演讲者要过的一关，而且是重要的一关。

与企业家有关的故事练习大致有三类：个人故事、

他人故事、产品或企业的故事。我发现从练习讲个人故事开始，是让领导者"打开"自我的好方法。我在辅导企业家演讲时，刚开始听到最多的痛苦反馈是"我真的不会讲故事""我肚子里实在没什么故事好讲"。但如果让他回忆一下过往经历的一件刻骨铭心的事，他便会冲破设防，思绪的闸门瞬间打开。其实，我最喜欢听他们讲个人故事，尤其是小人物成长的故事。每当他们说到动情之处，就会沉浸在过去的真实经历之中。那一刻，我也会被深深地打动。有位企业家这样说：

"小时候家里非常穷，每天天不亮就要出去赶鸭子，吃了上顿没下顿。几十年过去了，现在看到'饿了么'三个字，还是心有余悸。"

故事的素材很好，来自亲身经历，不过比较笼统。从专业角度看，他还是有故事不会讲，因为他以为自己熟悉的东西别人也一定熟悉，就不必啰唆了。其实，很多故事不吸引人，不是素材有问题，而是讲故事的方式有问题。讲故事的黄金法则是展现，而不是陈述。那么，如何展现呢？

1. 故事要有具体细节

上面的故事讲述者去掉了很多具体细节，这是常见的问题。被誉为"美国的曼德拉"的公益律师布莱恩·史蒂文森（Bryan Stevenson）在 TED 的"让我们来谈谈不公"的演讲值得借鉴：

"我记得八九岁时，一天早上醒来，我跑到客厅。我外婆坐在房间的另一端，盯着我看，我回过头去对她笑笑，但外婆很严肃。大概 15 分钟后，她站起来，穿过房间，牵着我的手，对我说：'过来，布莱恩，我们得谈谈。'这就像昨天才发生的一样，我永远忘不了。"

布莱恩在有限的 18 分钟里，不惜在细节上"浪费"时间，"外婆盯着我看，站起来，穿过房间，牵着我的手"，看似一堆无关紧要的"废话"，却时时调动着听众的感官神经，引领听众轻松地跟着故事走。课上学员们看了这段录像后说，要是布莱恩的这段话让他们来讲，恐怕会用一句话讲完："有一天外婆找我谈话。"

没有具体细节的带入，听众是迷茫的。美国新闻研究所（API）研究认为，优秀的好故事有个特征：过程比话题重要，讲故事的方式比故事本身重要。最好的故事是将相关或重要的事情进行有效的表述。当学员们看到布莱恩等世界级演讲高手的示范时，便开始老老实实地找差距了。上面那个"赶鸭子"的故事的 2.0 版就变得丰满生动起来：

"从小学到中学，我从来没有穿过鞋。到了三九寒天，天不亮就得起来打着赤脚去赶鸭子。一双脚又红又肿，地上的沙子专找开裂的脚趾缝钻，疼得直钻心。我边走边流眼泪……"

这一次我环顾四周，发现有的听众也在跟着擦眼泪。相比抽象的整体概念，具体的事物更容易调动人们的情绪，也更有煽动性。其实，要做到"具体"并不是难事，只要你的信息可以用感官去认知即可，它能在听众的脑海中产生画面感。

2. 故事要有人物对话

屏幕上布莱恩的个人故事在继续："外婆把我带到一边说：'我想和你说些事，你不许和任何人说。'我答应了：'好的，外婆。'她说：'保证绝不说出去。'我回答：'保证。'然后我们坐下，她看着我说：'我想让你知道，我观察你一段时间了。'接着她说：'你是个特别的孩子。'她说：'我确信你能做你想做的一切。'这句话我永远不会忘记。接着她说：'我想让你向我保证三件事……'"布莱恩在演讲中常常大段地运用人物对话，使人物和故事更加鲜活。

布莱恩在他的另一篇演讲中，谈到因为一次偶遇，影响了他一辈子的职业生涯，这个影响他的人就是美国南方囚犯辩护委员会的董事史蒂夫·布莱特（Steve Bright）。布莱恩讲述此次经历时，也大量运用了"对话"。他说，史蒂夫对我说："死刑就是'没钱的人要受的刑罚'。如果没有像你这样的人施以援手，我们不可能帮助死刑犯。"他一见面就认定我具有某种奉献精神，他的每一个字都紧紧抓住了我，我完全被他的奉献精神和人格魅力征服了。他接着说："我只是希望你不要把我们这里想得太好。"我向他保证道："噢，不会，我很高兴有机会与您一起工作。"史蒂夫补充说："嗯，只是人们在谈起与我们一起工作的时候不太会首先想起'机会'这个词。我们的生活很简单，工作时间非常紧张。"我回答道："这对我来说没有任何问题。"史蒂夫说："嗯，事实上，与其将我们的生活形容为简单，还不如说是贫穷——甚至可能要勉强度日，奋力坚持，靠善良的陌生人帮助而生存，日复一日，未来充满了不确定……"运用对话，是讲故事的一个有力工具。把习惯于用"转述"说事儿改为直接对话——某某怎么说，我怎么说。这个学习过程初学者一定会感到有点儿别扭，若一旦突破，便前景灿烂，他们将不再羞于使用人物对话。如果你能像布莱恩

那样用人物对话推动情节发展，这时候你的故事就开始
"活"了。

3. 五个 "Wh" + 一个 "W"

讲述故事要有五个"Wh"（When、Where、Who、
What、Why），这是讲故事的基本要素，最简单的练习方
法可以像新闻播报员那样报道一起交通事故。例如，何
时（今天上午×时×分），何地（××市××交叉路
口），何人（××人或车，具体车型、颜色），何事（现
场情况、过程和结果），何故（事故主要由于××造成），
最后小结提示（为此提醒大家注意……）。当熟记了这些
要素后，你就可以大胆地开始讲故事了。例如，英雄之
旅的故事。何时：16岁那年；何地：正在村子里过着平
凡的生活；何人：我和一个外村人；何事：因为冲突事件，
我被胁迫；何故：因为我受到心灵的召唤，所以踏上英
雄之旅。

讲故事还要有一个"W"，就像字母W一样。故事
要有起有伏，扣人心弦。我与被载入美国传记协会出版
的《世界名人表》、创造了中国造型哑剧、因走秀走红的
今年（2023年）87岁的王德顺先生有过一次谈话。我问
他："您演讲得这么好，是否预先写好稿？"他说："我

从来不写稿子，我只是一个故事一个故事地或一段一段地想好怎么说，然后在结尾时扣题。"王德顺讲的都是自己跌宕起伏的人生，故事以时间为轴线，展现了他"失败—成功—再失败—再成功"的生活轨迹，丝丝入扣地讲述自己过山车般的"W"形的曲折人生。其实老百姓喜欢听成功者和企业家讲故事，尤其是那些"逆袭"的故事，希望知道眼前这个人是如何完成从平凡到伟大的蜕变的。那些拥有弱点和复杂人性的真实人物，才是引人入胜的故事的基础。实际上，当你的故事开始关注具体细节、人物对话，以及"Wh"和"W"时，你会发现其实你已经会讲故事了。

　　社会心理学家认为，一个人讲"故事"，就会激发另一个人想起相关的"故事"，而这个"故事"又会使对方想起另一个"故事"，人类的交流也总是以互相提醒地讲"故事"的方式进行，从而形成很长的反馈序列，使交流沟通变得顺畅。诺贝尔经济学奖得主乔治·阿克洛夫（George A. Akerlof）甚至把"讲故事"与"听故事"引入经济学范畴，他认为"故事"与财富、商品价格等一样，也是人们进行经济领域决策和选择的"约束条件"。由于商务人士很少讲故事，所以耐克等著名公司要求每位高管都要成为会"讲故事的人"。阿里巴巴上市时高调宣扬品牌背后辛苦劳作的员工和小生意人，已然成为当今的潮流。故事能让企业多一些人情味，通过情感交流做生意，讲述令人信服的故事，是促进生意达成的良好方式之一。

讲故事是一个企业领导工具箱里最重要的工具，而每个好领导都是讲故事的高手，从某种意义上说，讲好故事的能力就是领导力。小故事，大道理，讲好一个故事总能打动人心。

比喻打开理解之门

怎么把难以理解的东西讲清楚？怎么让外行人一眼看懂内行的"门道"？怎么将演讲者复杂的思想轻松传递给听众？比喻，是一个让听众能够感同身受的有效技巧。

一位善用比喻的演讲者总能备受听众的青睐。我认识一位知名企业家，在他几年前参加的一次短训结业典礼上，每位学员都要逐个上台分享体会。多数人的方式是"感谢……收获……"，而他的发言却惊艳了全场："就像一部手机从不关机，长期运行积累了大量缓存，无效的后台程序持续运作。久而久之，手机性能再好也会越来越卡，这时候就要关机重启。这次短训，就给我们创造了一次停下脚步、蓄满能量的重启，让我们在深度思考后，焕发活力，重新出发。"他这番话当时打动了不少人，直到今天，还有人在参加其他培训时，会想到他这段仿佛发着光的演讲。

"只要站在风口，猪也能飞起来。"雷军这句被广为传播的名言，成了这些年最著名的成功学。雷军不愿去做高高在上的国民创业导师，他选择让自己走下"神坛"，所以他说最接地气的话，用听众能听懂的话，把深深扎根在听众脑海的认知重新整合。我们试想一下，如果雷军只是这么说，"成功靠勤奋是远远不够的，最重要的是找到一个大的市场，顺势而为"。这会怎么样？很有可能这句话会淹没在浩瀚的互联网信息洪流中，激不起一点点波澜。可是雷军偏偏补充了下面这一段，"换句比较通俗的话来说，就是找一个最肥的市场，然后等待'台风口'。这个'台风口'是一头猪都能飞得起来的'台风口'。成功，尤其是大成，跟这个是高度相关的。所以，大家不要羡慕那些成功者，他们不过就是运气好，碰到了一次'台风口'而已。有了'台风口'以后，你怎么能飞着不掉下来，那是本事，但是没有台风，无论怎么努力，你飞着试一试？"雷军用一个新鲜精彩的比喻，让抽象的概念形象化，深刻的道理浅显化，复杂的事情简单化，听起来妙趣横生，耐人寻味。2021 年 1 月 14 日，北京小米公司的小米科技园里多了一位新朋友——一个飞猪造型的雕塑，"风口上的猪"甚至形成了一股影响至深的文化力量。

小米通过打造生态链来布局 IoT（物联网），形成了一条稳固的护城河。有人问当时小米生态链的负责人刘德："小米生态链上的这些企业与小米是什么关系？是合作关系，还是投资关系呢？"刘德说，传统的合作、投资模式与我们这种模式相比，是火车和动车组的区别。对于火车有一句老话叫"火车跑得快，全靠车头带"，整列火车的动力都是来自火车头，而动车组不一样，每一节车厢都有自己的动力。所以，这意味着，不论有多少节车厢连在一起，动车的速度并不会下降，而火车就不是了。刘德没有过多解释，一个好比喻立马让人明白了小米生态链模式的逻辑。当刘德继续被问及，小米号称要做"科技界的无印良品"，怎么有很多不科技的生意也在做？小米生态链当中就有很多产品既没有高科技，也不智能，如毛巾、牙刷、床垫这些。精彩的是，刘德又说出了一个让人拍案叫绝的比喻。他说，这类生意对于小米来说是"烤红薯生意"。所谓烤红薯生意，小米发展到现在，已经有了上亿用户，并且80%以上是活跃用户，他们除了需要小米的手机、音箱、充电宝等科技产品之外，也需要毛巾、牙刷、床垫这类高品质的日用品。所以，与其让这些流量白白散掉，不如也把它们好好地利用起来。就像一个烤火炉，它的热气散了也就散了，还不如在上面摆一些红薯，借助余温顺便烤烤红薯，这就是"烤红薯生意"。简单的5个字的比喻，就把事情说清楚了，用具体代替抽象，营造出了画面感，通俗易懂，透彻传神！

用简单的事物来比喻复杂的道理，用容易理解的事物来比喻令人费解的问题，有利于增强说服力，提升听众的理解程度。俞敏洪有　次关于草和树的演讲视频点击率很高："人的生活方式有两种，第一种像草一样活着，你尽管每年还在成长，但你毕竟是一棵草，人们可以踩过你，但是人们不会因为你被踩而来怜悯你，因为人们本身就没有看到你。我们每个人都应像树一样成长，只要你有树的种子，即使你被踩到泥土中间，你依然能够吸收泥土的养分。当你长成参天大树以后，遥远的地方，人们能看到你；走近你，你能给人一片绿色。活着是美丽的风景，死了依然是栋梁之材，活着死了都有用。这就是我们每一个同学做人和成长的标准。"他把大道理化成小比喻，使本来容易呆板的表述变得活泼有灵气，让人听起来舒服。

演说讲假话、大话、空话，没人要听。如果说的都是干瘪瘪的真话，太抽象太专业，恐怕也没人愿意听。

我有位客户吴总，尽管他是媒体人出身，后来又创建了互联网公司，但当他给我看了他的演讲录像后，我与他对需要好好学习演讲这件事，达成了共识。他对员工发表长篇大论，听众基本上听不懂、跟不上，整个演讲过程中不仅没有掌声和笑声，而且员工的头越来越低。

关于这一点，任正非的高明之处就在于，他善于通过各种形象的比喻，说明一个复杂的道理。"跨国公司是大象，华为是老鼠。华为打不过大象，但是要有狼的精神。"任正非说这段话时是 1997 年，当时我先生是美国某著名咨询公司派往华为的顾问之一。他多次跟我说起，任正非说话让人既振奋又难忘："我们和竞争对手比，就像老鼠和大象相比。我们是老鼠，人家是大象。如果我们还要保守、还要僵化、还要故步自封，就像老鼠站在那里一动也不动，大象肯定一脚就把我们踩死了。但是老鼠很灵活，不断调整方位，一会儿爬到大象的背上，或者钻到大象鼻孔里，大象老踩不到，它就会受不了。我们必须要有灵活的运作机制和组织结构体系。"

当我把任正非的精彩表述分享给吴总时，吴总感叹道："也不知道为什么，只要自己一上台就会陷入一本正经、空谈道理、拖沓无趣的境地。"我安慰他这是领导者演讲的"通病"。吴总却说，任正非确实是高手，他和员工说话太会用比喻了，如"做得精致完美，就会变成小脚女人，怎么冲锋打仗？"，再如"以前我认为跳芭蕾的女孩是苗条的，其实是粗腿，是很有力量的，是脚很大的，是以大为美。华为为什么能够超越西方公司，就是不追求完美，不追求精致"。吴总觉得，和任总比，自己的演讲就像一头庞大呆滞的大象，并决定以后的演讲要做只灵活的老鼠。从这句话开始，吴总的说话方式，似乎已经受到了高手潜移默化的影响，显得既轻松又诙谐。

各行各业都在用比喻，哲学家笛卡尔把哲学比喻成一棵树，他说："树根是形而上学，树干是自然学。"麻省理工学院的教授桑迪·彭特兰（Sandy Pentland）将新思维在群体中的扩散比喻为流感，说："观点的传播也是易受性和频繁互动造成的结果。"心理学中，把人的意识和潜意识比喻成一座冰山，浮出水面的是意识部分，藏在水下的是潜意识部分。

亚里士多德把"比喻"看作天才的一个标志。他认为，那些能够在两种不同的事物之间发现相似之处并把它们联系起来的人，具有特殊的才能。他们能通过万事万物、风马牛不相及的东西，找出事物内在的联系，而俗人却很少能做到。当贝尔了解到人的内耳就是一块极薄的能够震动的钢片时，他便发明了电话。有人把"比喻"看作伟大演讲的核心要素之一，演讲如果不用比喻，就像盖楼房，四壁不留窗户，既不透亮又不通气。生动有力、言简意赅的比喻，不仅起到了讲事实、摆道理，以理服人的作用，而且使语言更加形象生动，甚至产生了美感，让人听得津津有味。比喻是启迪、说服听众，获得听众理解、支持和掌声极为有效的方法。

比喻就是把无趣的变成有趣的，把难懂的变成易懂的，把外行听不懂的，变成大众即刻能明白的。

没有激情，不要演讲

什么样的演讲是一场好的演讲？首先，在这场演讲里，第一个被感动的人应该是演讲者自己。能打动自己、说服自己、使自己快乐，是一场演讲具有感染力的源泉。只有演讲者对这场演讲充满激情，才会让听众觉得可信，才能用演讲者的激情点燃听众的心灵。

有一次，有位企业家心急火燎地大老远地飞来向我请教，原因是她就要做上市路演了。我接了这个"急诊"，并与她一同把演讲内容打磨敲定后，她才放心地告辞。临走前，她又踌躇地问了个问题："那么，在台上演讲时，我应该豪情万丈呢？还是温情含蓄呢？"

我在给 TEDx 做演讲指导时，见过两类极端的演讲：一类四平八稳，没有起伏，好似一条直线的心电图，毫无生气；还有一类则相反，演讲者讲得太用力，从头到尾一路激昂，甚至会声嘶力竭地大喊，让人感觉不到一点儿美。例如，有位法国媒体公司的老总，他在彩排时从头至尾"豪情万丈"，他的情绪、音调以及动作幅度，都让我想起法国大革命时期的街头演讲，在他所要面对的演讲听众面前显得过于热情，甚至"炸耳朵"。我给那位法国演讲者的建议是，并非整个演讲过程都需要如此"亢奋"，有很多地方他更需要尝试"收敛"，即便是持续高潮，也会让听众产生审美疲劳。他听从了我的建议，抠细节、做调整，在正式演讲时，表现得非常出色，高潮之处，音调明亮、圆润，以声带情；低潮之处，音调深沉、平稳，以情发声。那天，他带着夫人、孩子和公司高管为他助阵。会议结束时，他们一行纷纷向我致谢。他告诉家人："这就是昨天辅导我的老师。"说完给了我一个热情的拥抱。我告诉他，其实要被感谢的是他自己，因为他的彩排，让那些少有兴奋感的演讲者看到了自己身上缺失的元素；而又因为他的正式演讲，再度让这些演讲者看到什么是充满激情的抑扬顿挫、错落有致和轻重得当。

我见过很多企业家，他们平时讲话充满激情并富有幽默感，但一站上演讲台，就变得呆板、身体僵硬、语言无聊而且枯燥。问他们为什么会这样，他们的回答却是"因为我在演讲"。我们在观察诸多成功的演讲案例后发现，演讲者的激情起着决定性的作用。当演讲者在舞台上激情四射时，听众在台下就能血脉贲张。只有演讲者充满热情，才能调动听众的热情。

俞敏洪的演讲水平常常被人称道，但不为大多数人所知的是，早前俞敏洪讲课并不生动，以致难以维持正常的课堂教学秩序。直到有一天，他终于下定决心要离开讲台，当天晚上索性放开性子、无所顾忌地讲"最后一课"。等到下课了，学生反倒都不愿离去，他们给俞敏洪的反馈是，希望以后都能听到像今晚这样激情澎湃的授课，这件事对俞敏洪的影响很大。后来，这个平日里看起来有点儿像颓废诗人的新东方老总，只要登上讲台，看到听众，立刻就会精神抖擞地讲起来，而"激情"也成了新东方课堂的一大特色。他鼓励且要求新东方的老师们必须在课堂上充满激情，充分调动学员的学习热情。我猜一定是俞敏洪找到了那一束可以点燃内心激情的火花，并且这束火花点燃了整个新东方。这束火花对演讲者来说同样重要，只要演讲者保持旺盛的激情，就能点燃舞台、点燃整个现场，从而让自己变得富有魅力和号召力。

在美国，高中生申请进入大学一般都需经过严格的面试。我儿子参加过多场面试，开始屡屡受挫，他以为是因为自己准备不足。直到有一天，一位有耐心的面试官告诉他，"你看起来不喜欢我们的学校"。儿子辩解说，"那是不可能的事"。"你讲话叫说有一点激情，我怎么知道你喜欢我们学校？""老师，那我该怎样表现？"面试官说，"那种感觉就是非常喜欢，非常激动，那种情绪和状态能让我们一眼就看到你有不竭的动力，你会坚持做你喜欢做的事而不轻易放弃"。面试官还说，沃尔玛的创始人一辈子都开着自己的小飞机在全世界飞来飞去，到各地巡店，看到商品都恨不得去亲吻一下。他对每个商品都充满感情，他把货架上摆放的每件商品都视作艺术品，他的执着来自激情。这番谈话，从此在我儿子心中点亮了一盏灯。

一年夏天，我去了美国西雅图，海边的派克市场依旧热闹非凡。其中有个摊位吸引了大批游客，我也加入了其中观看"飞鱼秀"。"有人要买新鲜的鱼吗？"一位鱼贩子喊着。当游客挑中了一条大鲑鱼，另一位鱼贩子边抓起鱼用洪亮的嗓子喊着"鲑鱼飞走喽！"边向后面柜台扔去。后面柜台的另一个小伙子瞬间伸手划出一个美丽的弧线接住鱼。一眨眼工夫，就把鱼漂亮利索地包好了。就这样，鱼贩子们一阵阵热情洋溢的吆喝声和快乐且充满激情的工作气氛，感染了围观的人群，轻松激发了游客的购买热情。在生活中，激情是有感染力的，是不可抗拒的，它能点燃人们内心的火焰，演讲亦是如此。

从某种意义上说，美国总统诞生之路就是演讲之路，它不是在无声的表决里产生的，候选人的思想议案都必须通过演讲传达给选民。即便是议员也必须具备天才的演讲能力，不会演讲只会举手是不行的。2020 年 10 月，美国总统竞选进入了白热化，两个 70 岁多的人，要参加这么多场辩论，实在是个体力活，如果演讲时激情和热忱稍有传递不到位，轻则被选民嘲笑精力不支，重则被迫晒晒近日体检报告。

英国文化委员会（British Council）曾进行过一次全球性的评选活动，邀请世界各地的人选出他们最喜爱的 70 个英语单词，以此纪念该委员会成立 70 周年。英国文化委员会向 46 个国家的 7000 名英语学习者发出了问卷，还邀请非英语国家的 35000 人参加了投票。结果"Mother"（母亲）一词名列榜首，排名第 2 位的是 Passion（激情），而 Smile（微笑）、Love（爱）都只能屈居其后。为什么激情一词被全世界人偏爱？因为激情是可以传染的，当一位演讲者表现出激情时，他就可以点燃周围的所有人。

演讲靠的是激情，而激情来自热爱。你要对自己演讲的话题充满热爱，如果连你自己都不热爱这个话题，怎么可能激发听众的热情呢？当你的演讲充满激情时，你目光所及之处皆是热爱，你的演讲将充满魅力。所以，如果你没有激情，最好不要演讲。要讲，就要展示你的激情。不过，请记住，激情并不是以喊到喉咙嘶哑为标志的。

调动听众的三种情绪

一次，我去给 200 多位企业家讲课，主持人这样开场，"据说最好的演讲有三个境界：带着听众笑，带着听众哭，而最高境界是带着听众去死。今天我们请来戴老师，她将带着我们一起去死"。话音刚落，听众放声大笑起来，他们一下子齐刷刷地看着我。我讲过无数次课，还从来没听到过这样的"导入"。

接过主持人的话筒，我说："今天我保证带着大家笑，可能会带着大家哭，但绝不会带着大家去死。企业家要是都死了，这个城市的天可就要塌了！"看着听众个个心情畅快，我接着说："什么样的演讲者最容易被记住？刚才短短的几句开场介绍，主持人把我们带入了愉悦、惊讶和恐惧的状态，在情绪的变换之中，让我们对主持人印象深刻。这么看来，好的演讲者往往也是调动听众情绪的高手。"

所以，在上台演讲前，你最好预览一下演讲内容，你的演讲中有没有能调动听众情绪的引爆点？铺地毯似的演讲很难激起听众的情绪，但如果能做到下面三点，你的演讲一定会被记住。

1. 调动快乐的情绪

我有一位客户，近些年来在一些企业家组织的竞选中，每次都能如愿以偿地以高票当选。最近的一次演讲，他谈到在社会上宣传防治工业污染："宣传防治工业污染这事儿，对我们来说又难干又受挫。大家可以想象一下，当我们把一张可爱的大熊猫照片往公众面前一放，就很容易获得募捐；而一张又臭又脏的污染现场照片，公众连看都不愿看一眼。老百姓认为污染是企业造成的，治理不应该由我花钱。"在演讲现场，他把可爱的大熊猫和脏乱差的污染现场进行对比，当讲到污染照片时，他把讲稿往边上一甩、脸瞥向一边。而讲到大熊猫时，他两只手掌托在腮旁，配上他那张胖乎乎的大圆脸，活像一只大熊猫，现场立马开启了大笑模式。

其实，这是预先埋设的笑点，让听众由对大熊猫的喜爱，引发对演讲者的喜爱，而且听众更被他知难而上、苦中作乐的精神所感动。演讲中如果适时地插入有趣的话题，用上一点幽默感，外加面部表情、手势等戏剧化的夸张，能进一步带动听众的情绪。这位客户性格开朗外向，在他的演讲中，总会设计一至两个让听众轻松开怀的环节，把听众逗乐，他自己也特别开心和有成就感。当然笑点的设计也不必太刻意，有时候你准备的某个素材并不一定会对所有的听众起作用，这就需要多埋设几个引爆点。

2. 调动悲伤的情绪

岳云鹏、孙越有段相声，叫《我是歌手》，结尾处是岳云鹏翻唱的《一封家书》，配上之前的讲述，把台下的很多听众都说哭了。

岳云鹏：（唱）亲爱的爸爸妈妈，你们好吗？现在工作很忙吧，身体好吗？我现在北京，挺好的。爸爸妈妈，不要太牵挂，虽然我很少写信，其实我很想家。爸爸每天都上班吗？管得不严就不要去啦，干了一辈子革命工作，也该歇歇啦。我买了一件毛衣给妈妈，别舍不得，穿上吧，以前儿子不太听话，现在懂事，他长大啦。爸爸妈妈多保重身体，不要让儿子放心不下，今年春节我一定回家，好啦，先写到这儿吧。此致敬礼，此致那个敬礼，此致敬礼，此致那个敬礼（尾音拖长）……

这段相声我在不同的电视频道中都看到过，即使已不是第一次观看，我还会像现场观众一样跟着小岳岳一起潸然泪下，尤其结尾部分"此致敬礼"他一共说了 8 遍，不厌重复、变换节奏，一遍比一遍动情，听众的情绪被深度牵动而不能自拔，每个人都陷入了沉思。相声演员带着大家笑常有，而带着大家哭并不多见。孙越在岳云鹏唱《一封家书》之前有一句铺垫的台词点出了要害："不在于词，在于情绪。"

我的另一位客户，3 年前做过一次重要演讲。那天听完演讲，许多听众都悄悄跑去厕所擦泪洗面，其中不少还是硬汉子。3 年过去了，具体的演讲词大家已经记不全了，但这次演讲产生的影响力仍挥之不去，至今还有人常常在饭桌上谈起此事。最近他又做了一次重要演讲，仅用了短短的几分钟，便获得听众长时间的鼓掌。通常，在帮助学员准备演讲内容时，我们会预先在讲稿上梳理并标识出每段演讲词情绪表达的重点：悲伤—悬念—希望—力量，并辅以不同的语调、语速和表情，希望牢牢抓住调动听众情绪的那根缰绳，引领大家积极回应。其实成功的演讲者，都是这样巧妙地运用各种方法，去研究他所要影响的人，就像那些商品生产者潜心研究市场一样。

3. 调动愤怒的情绪

电视剧《觉醒年代》第 1 集一开始，便是李大钊在日本时的一段简短有力的演讲："同志们，同胞们，天发杀机，战云四飞；倭族趁机，逼我夏宇；留日学子，羁身异域；回望神州，仰天悲愤；既然已经到了国亡人死之际，便再无投鼠忌器之顾虑，我们应该有破釜沉舟之决心……同胞们，共和就要死了，青岛就要丢了。同胞们，你们说怎么办？"听得现场的同学们一起振臂高呼："回国！回国！倒袁！"李大钊在 100 多年前的怒吼，今天听来，依旧铿锵有力。

另一位演讲大师——力克·胡哲，出生时没手没脚，一直饱受同学的歧视和凌辱。10岁时，他曾3次尝试在浴缸里淹死自己，而最后他历经艰辛，做到了健全人才能做到的事，甚至做得更好。当力克·胡哲在描述他遭受欺辱的心路历程时，他边说边把身体一步一步艰难地移到讲台边缘：

"我朝这方向走，心里说着'没有人喜欢你，你将一事无成，没有人愿意跟你结婚，等等'我走到了绝望边缘，这时只需要多一个人说我不够好，我便倒下了。你想过自己会推倒别人吗？你不知道有多少人在厌生，你就是导致他们倒下的原因之一……"

这样看似简短的一番讲话，竟一时激起了学生们对校园"凌辱"行为的厌恶和愤怒的情绪，同时也让他们察觉到自己曾经的不当行为对别人造成的伤害。正是因为力克·胡哲的话激起了听众的强烈共鸣，所以一度唤醒和拯救了无数的年轻人。

可以说，力克·胡哲的演讲堪称调动听众喜怒哀乐情绪的典范，他的演讲总能触碰人们的内心。他一会儿叫人笑，一会儿叫人哭，一会儿叫人怒，他的演讲被称为"震撼全人类的演讲",我强烈推荐大家好好听一听。或许我们的演讲很难达到力克·胡哲的境界和效果,但当我们开始有意识地调动听众情绪的时候,我们的演讲便更有说服力了。

第 6 章

好细节

惊心动魄都在细节里

都是演讲场地惹的祸

演讲者要在演讲前考察场地。若有选择，要挑选最利于发挥的场地；若没有选择，要将场地调整成最佳的布局。

演讲是演讲者与听众之间的交流，不关注场地的演讲者，在演讲前就给自己埋下了一颗雷。优秀的演讲者要充分利用场地优势，以便更好地发挥，完美地呈现。

1. 拉进与听众的距离

一次，马总即将进行一场重要演讲。在与我一同构思后，他做足了准备，连我都觉得他已经稳操胜券了，和他说："你尽管放心大胆地去讲吧。"况且这是由他亲自操盘的一场对外商业宣讲，按理来说一切尽在掌握之中。一周后，我遇到他，问："讲得怎么样？"他叹了口气，垂头丧气地说道："别提了，惨不忍睹！"原本他估算会有1000人到场，但由于天气和组织等原因，现场只来了100多人。当他站上舞台，一眼望去，听众东一个，西一个，零星地散落在偌大的会场各处，他原本高亢的情绪一下子跌进了谷底。他苦恼地和我说："我算是见识到了什么叫作地狱！我是怎么从演讲台上下来的，都不记得了，那场面应该称得上是落荒而逃吧！"

　　其实，我也有过类似的惨痛经历。好多年前的一个下午，我作为发言者参加一个会议，当第一位发言者开始他的演讲时，我发现会场居然有1/3的座位空着，还是最靠近演讲台的那1/3，并且中途还不断有人离场。轮到我上台时，会场变得更加空旷，我盯着一个正准备离开的听众的背影，空气仿佛逐渐凝固，气氛令人发怵。我自始至终都无法进入状态，以至于讲得一塌糊涂。假如时光能够倒流，我已经知道怎样旗开得胜，避免遭遇那场"滑铁卢"了。我会毫不犹豫地抓起话筒，像指挥官那样行使我的权力，满面笑容地说道："请大家往前挪一挪，把前排的位置坐满，我想挨大家近点儿，好吗？"
我会把自己的书奖励给愿意率先配合挪到前排的听众；
对那些还在原地不愿意移动的人，我会用手做出"请"
的姿势，并及时表扬鼓励。这些方法效果显著，通过缩
短与听众的空间距离，从而缩短与听众的心理距离，进
而取得听众的情感认同，这是演讲成功的重要条件。

2. 选择适合的演讲场所

一次，我被安排在一个西餐厅做关于西餐礼仪的演
讲，这本来会是一次生动的"情境教学"，却成了"演
讲"与"美食"争夺听众注意力的较量。因为餐厅没有
发出包场通知，零散的食客被安排在餐厅四周的位子。
舞刀弄叉的声音弥漫在整个会场，让人心烦意乱，学员
的心思早就被蠕动的肠胃操控了，哪里还能够集中注意
力听讲呢？还有一次，邀请方把演讲厅设在有多个大柱
子的博物馆大厅。因为人多，一部分座位被摆在了柱子
后面，坐在柱子后面的听众时不时地"探头探脑"，我基
本上无法与他们进行正常的目光交流，我和听众甚至同
时产生了一种错觉：是谁在偷瞄谁？你在演讲的时候，
见到过闪耀的灯球吗？我见过！那次我被安排在一个硕
大的迪斯科娱乐厅里做演讲，场子是撑满了，但我的整

个演讲都是在闪烁不定的灯光下进行的，我不仅看不清楚听众的脸，而且这种奇怪的氛围与演讲显得格格不入。请你试想一下，当你安排约会时，你是否会用心挑选场所、环境、地段？当你举办生日聚会时，你会选择一个刚刚举办过葬礼的会场吗？哪怕它是免费的。演讲中的很多问题都是演讲场所惹的祸，恶劣的环境会让原本满怀热情而来的听众变得难以伺候。所以，当我们抱怨听众不集中注意力时，我们真正在抱怨的其实是演讲场地，只是有时候我们并没有意识到。

3. 控制听众的"密度"

对演讲者来说，一个被挤得满满的大会场，简直是上天给你的礼物。一次我给华为讲课，只见大会场里满满当当、座无虚席，还没有开讲，我就已经多巴胺分泌爆表了。不过据说还有部分听众被安排在小会场里看视频直播，可是对我而言，宁愿让听众都坐在剧场的台阶上也不要分场子，因为这符合听众"密度适中"的原则。

我们可以想象一下，如果演讲场地特别小，热情的听众挤满整个会场，现场洋溢着的一定是满满的压迫感。相反，如果演讲场地特别大，但听众零零散散、稀稀拉拉，取而代之的将是一种空虚感。控制好听众的"密度"，我们才能掌控现场的氛围。

对会场的挑剔几乎成了我的"洁癖"。一次我在哈佛大学商学院讲课，给我安排的教室很大，而学员只有 50 人，"密度"欠佳。我和管理教务后勤的负责人说了我的要求——必须把教室"变小"。我在墙边发现有十几块可以移动的备用大白板，我想到一个天才的解法。请大家帮我把白板挪到座位两边，做成一堵人造墙，这样同时在视觉上和心理上就感觉不那么空旷了，结果讲课效果非常好。这招屡试不爽，以后只要遇到空旷而无法调换的会场，我都会想办法就地取材做隔断，有屏风用屏风，没有屏风用铺上桌布的课桌，空旷的会场对我来说不再具有破坏力。

4. 设计演讲会场的布局

还有一次我给华为讲课，授课对象是 15 位高层管理者，我按照惯例提早去挑选大小适中的会议室，这样即便人少也能够让与会者感到"聚气"。场所尺寸对了，但其他条件还是简陋，我请工人连夜搭了一个一踏步高的小舞台，让那个飞机场一样平坦的会议室，瞬间变成一座"小型剧场"。这样，不论是老师讲课，还是学员上台练习，都会有一种神奇的"仪式感"，从而赋予演讲者一种一往无前的气势。把这一切安排妥当，我才安下心回酒店休息。

座位安排也有讲究。几年前，国内某知名上市公司要在北京做一次重要的产品发布会，媒体记者超过两百人，听众近千人。公司的 CEO 是我的客户，邀请我去实地指导他的发布会彩排。当我踏进会场时，磅礴的气势迎面袭来，可与乔布斯 2007 年的产品发布会媲美。舞台前一张张漂亮的现代派魔方式的大白凳子吸引着我，忽然我发现所有的座位都不是对着正前方的，而是斜对着左前方的。仔细一看，原来那里有一个小窗，散发着魔幻的气息，里面放着即将发布的新产品，这个炫目的产品还在不停地旋转。

直觉告诉我，这一定会坏事。试想一下，这样演讲者上台的时候，岂不就是和自己的新产品"肉搏战"开始的时候吗？（我想乔布斯绝对不会这样做。）我问 CEO，你上去演讲的整个过程，是想让大家看着你，还是一直盯着产品？他恍然大悟，随即去说服发布会负责人，将凳子的摆放调整为聚焦在演讲者身上，至于旋转的新产品，要么在演讲者提到它的时候出场，要么在会前或会后放到听众的正前方。

关于演讲场地的选择与布置，可参考以下几个原则：

（1）宁小勿大，隔音效果好。

（2）没有盲点，不喧宾夺主。

（3）直排式、岛台式、U 字形等不如半圆形。

其实罗马竞技场就是最好的示例，它满足了演讲的所有要求，它让演讲者和每位听众的距离都差不多，没有人会觉得自己坐在角落、不被看见。所以，他们的注意力，自然就会集中到演讲者身上。如今的剧院、大学阶梯教室，都是很好的演讲场所，著名的 TED 演讲场地就是一个现代版的罗马竞技场。

演讲是一场战役，战场的选择事关生死，阵形的排布关乎成败。作为指挥官的演讲者，既要掌控场地，也要指挥听众，让他们坐到应该坐的地方。

别让 PPT 绑架了你

你知道吗？很多听众第一眼看到密密麻麻的 PPT，一瞬间就已经决定了放弃听演讲。要知道，是你在演讲，而不是 PPT。

我常鼓励我的教练对象有机会就要上台演讲，绝不"低调"，绝不纸上谈兵，并且讲的同时还要录下来，作为我们一对一分析讨论时的客观依据。

有一天，教练对象马总打开计算机，把她的演讲录像回放给我看。我正认真看着马总的"作业"，没等我开口，她先试探地问："应该可以算及格了吧？"她紧接着向我解释，这次演讲准备得很充分，会议组织也花了不少人力和资金，目的就是凸显公司的独特性，吸引更多的客户。

录像忠实地"汇报"了当时的情景：马总开场从容淡定，中间骤然提速，结尾当口猛踩刹车。在 30 分钟的演讲时间里，马总最频繁的动作是挥动投影笔，快速地翻动着 PPT，用急促的语言解释大量的文字、数据、表格，却迎来了最无奈的场面——台上讲得火急火燎，台下神情淡然。我沉吟了一会儿，问马总：会后听众反馈如何？马总神情显得有些黯淡。我继续问道：一共用了几张 PPT？她说只用了七十几张。听到"只"字，我便明白了一半。如果在一份演讲 PPT 里放进太多内容，把所有重点都塞进去，那么听众为什么不自己阅读呢？

马总是我辅导的企业家之一，他们这类人有些共性：40 多岁，理科出身居多，很自信，也很执拗。他们绝对是运用计算机的高手，制作 PPT 的行家，在这两个方面，他们完全可以做我的导师。他们可以把 PPT 做到极致，只是特点不同而已。有的企业家喜欢亲自动手，有些企业家则授权给精挑细选的员工。他们既能做到正在给员工演讲时，忽然发现 PPT 上有个瑕疵，当即停下，把 PPT 修改到自己满意为止，然后再接着讲，也能放手发动群众，下一道"命令"，让 IT 部门夜以继日地修改一份 PPT。平日里，他们对我恭敬有加，但当我建议要删减 PPT 时，第一反应是绝不"买账"。他们这种有意无意的"执拗"，要经历过那么几次挫折和打击后，才会有所觉悟。要知道，演讲者必须让听众把注意力放在自己身上，而不是放在 PPT 上。

又到了马总对外宣讲的时候，这次是一场非常重要的产品发布会，台下坐着投资人、媒体记者和终端消费者，而此时行业正处于"疲软期"，正是绝地反击的大好时机。吸取了以前"执拗"的教训，马总请我提前把把关。当我看到由 IT 部门精心打造的一百多张 PPT 时，我承认我确实受到了冲击。那个 PPT 给我的第一印象是：言辞华丽、句子冗长、图片密集，真的是一个"了不起"的工程。殊不知，与阅读型 PPT 相比，演讲型 PPT 主要是为了将演讲者的观点视觉化，实现听众对演讲者观点的"一目了然"。

马总还特意邀请我去现场指导，并一起察看技术支持。会场很气派，演讲台布置得比乔布斯那时的"更有创意"。斑斓炫目的 3D 画面在大屏幕的两边不停地旋转，产品的摆放如同香榭丽舍大道名品店的陈列，这种诱惑和对视觉的冲击让人无法抵御。更有特色的是，技术部门为了凸显产品的特点，打算在演讲的同时播放动画，直到演讲结束。对演讲来说，PPT 是背景，道具是锦上添花，它们都不是演讲本身，可以说这一次完全弄反了。

我私下问马总，20 分钟的演讲，你打算用几张 PPT？这次演讲的主角是谁？如果你和 PPT 都是主角，那么"主角们"起了冲突怎么办？她低头沉思一会儿，问："您的意思还是'删'？"我注意到，她用了个"还"字。我没有直接给出答案。我提议先看看乔布斯的经典演讲视频。我在一旁提醒马总关注乔布斯身后的 PPT。这回马总看得真切，她发现，乔布斯的 PPT 竟然朴素简单得不可思议，甚至一张 PPT 上还有大片的留白。她还惊讶地发现，乔布斯有时将屏幕转为空白，让人们的视线和注意力集中到演讲者本人和正在强调的重点上。所以，演讲者才是演讲的主角，PPT 不是。

马总似乎明白了我的良苦用心，她好好想了一会儿，突然眼神一转，似乎暗暗下了什么决心。然后，她猛地手握鼠标，打开 PPT，亲自动手"删"，对着那些精彩纷呈的旋转画面下令"砍"！年轻的技术总监看着这样一番操作，眼泪都快飙出来了，这可是他们团队这些日子呕心沥血的成果呀！马总温柔地看着他，安慰道："你们所做的一切让我感动。砍不是因为不好，而是你们做得太好了。如果动画对演讲产生干扰，就要忍痛割爱。我们不能让 PPT 给绑架了，不能让动画扰乱听众的注意力……"经过一番"改头换面"的调整，马总信心十足地走上了讲台。一场非同凡响的演讲让听众得到了极大的满足，随之而来的是雪片似的订单。这个时候，马总其实已经察觉到了，太花哨的 PPT 会让听众分心，文字过多的 PPT 会吸引听众把注意力都放在读文字上，而忽略了演讲最重要的其实是人。

现在人们已经把 PPT 推崇为极有价值的强大的商业工具了。尽管微软没有单独统计过 PPT 的使用量，但其发言人确认 Office（也就是包含 PowerPoint 的办公软件包）在全球的用户多达 10 亿人。至于 PPT，有人把它当成必要的助手，有人只是为了做样子，还有人认为 PPT 就是"骗骗他"，觉得它搅乱了沟通。尽管"仁者见仁，智者见智"，但对演讲者来说必须保持清醒：听众前来并非只是为了观看屏幕上的影像，更多的是为了聆听你的演说。那么，怎样让你的演讲更加出色呢？

1. 拦腰减半

　　30 分钟的陈述最好不要使用超过 15 张幻灯片。亚特兰大在线会议与合作公司 PGi 的执行副总裁肖恩·奥布赖恩（Sean O'Brien）说："如果你硬是要在 30 分钟里放 30 张幻灯片，那你的陈述注定不会成功。"使用过多的 PPT，演讲者基本上是在和幻灯片打交道，它让你远离听众。同样，听众也只会和幻灯片打交道，而不再理会演讲者。

2. 5 行 5 字

　　每张幻灯片的内容最好不超过 5 行，每行最好不超过 5 个字。不要用铺天盖地的文字、图形和数字把观众淹没了，更不要把幻灯片做成讲义。有权威人士建议，"每张幻灯片只需列出一条要点，字数不能超过 15 个"。千万不要认为，把大量的信息堆放在 PPT 上，观众就容易记住你的信息。

3. 有文不读

　　照本宣科的习惯不仅有藐视听众阅读能力之嫌，也让演讲者变得多余。值得提醒的是，有的新手演讲者常常利用 PPT 来避免和观众的交流，潜意识里希望把观众对演讲者的审查和评判转移到 PPT 上。但是你要知道，听众们并不是来看你的后脑勺的。反之，如果演讲者不看幻灯片就能流利地进行演讲，听众会觉得你确实是这方面的专家。

4. 逐条出示

有人得了 PPT 依赖症，为了弥补自己健忘的毛病，把它当成了提示卡。演讲者如果把 5 个要点在同一时间亮出，这只能分散听众的注意力。当你还在讲第一点时，听众的眼睛早已看到了最后一行。所以，最好讲一点，出示一条，让听众紧随你的脚步。

5. 图胜于文

图片比文字更有表现力，通过呈现具体的画面，能让听众更深刻地记住你要表达的观点。人类是视觉敏感的动物，视觉记忆力远大于听觉记忆力，可视化能够让信息直达我们的大脑，所以要挑选出最能支持你观点的图片，让听众一目了然。

6. 一页一图

我发现客户常常在一页 PPT 上放两张图片，甚至

更多，我会让他们一页 PPT 只放一张图，哪怕多做几页
PPT。于是他们产生了困惑，"您不是说 PPT 要少吗？我
这是为了节省 PPT 呀"。我的解释是：一页 PPT 上出现多
张图片，不仅会分散听众的注意力，而且会让想呈现的信
息失焦。所以，为了保证最佳的演讲效果，一页 PPT 只呈
现一个信息。如果实在需要多张图片，多做几页 PPT，也
比堆在一起强。

切记，让听众关注你，而不是你的 PPT。毕竟故事
的讲述者是你，舞台上最闪耀的，也应该是你。

记住名字，震撼听众

你是否有过这样的经历，在一场演讲中，突然被演
讲者叫出自己的名字？

叫出听众的名字可以突出演讲效果，这是一种很好
的互动形式。演讲者把现场听众的言行、故事带入演讲
中，听众的自豪感和参与感会油然而生。对听众来说，
这比直接听演讲者讲故事更有积极性。

有位高管代表公司去校园进行招聘演讲，他观察到
大多数同学不喜欢坐在前排，于是他在候场时，询问了
几位前排同学的名字。在演讲过程中，他抓住机会，开

始表扬坐在前排的同学，说这些坐在前排的学生有担当，求知欲会比坐在后排的人强，更有发展前景，更容易成功，并且现场说出了那几位他记在心里的同学的名字。这让前排的同学非常有自豪感，同时也是对后排同学的唤醒与激励。

这种对表现优秀的人的点名，就是一种很好的演讲互动。被提到名字的人，可能是其他听众的同学、朋友、室友、竞争对手。在演讲中通过点名去匹配听众的感知，可以产生很好的关联共振效果。

1. 记住名字，是一种尊重

我刚到哈佛大学教书的时候，系主任第一次见到我，反复确定他叫我名字的发音是否准确。还有一位校领导每次见到我都热情地叫我的中文名字，让我非常感动。哈佛大学对老师有个基本要求：进课堂的第一天就得叫出每位学生的名字。在美国学生看来，如果你能叫出来一个学生的名字，而叫不出来另一个学生的名字，你就有厚此薄彼之嫌；你不知道他叫什么名字，等于不重视他或无视他的存在，他就不喜欢你这位老师，甚至不喜欢你的课，也就不会"尊师重道"了。于是，开学前几天，老师们会把记名字当作头等大事来做，个个拿着花名册对着照片一遍遍地练习。记名字不仅是个力气活儿，还是个技术活儿。在哈佛大学更是如此，学生中不仅有美国当地的学生，还有来自其他国家的学生，有些学生名字的发音很有挑战性。点名时如果学生表情困惑，那一定是老师的发音错了，要立刻更正，方能博得对方的认可。后来我听说，美国优秀教师守则的第一条就是"记住学生的姓名"。

　　一次，我在某个企业完成了内部演讲，演讲效果非常好。演讲结束后，有一位听众找到我，表示希望添加我的微信。他拿着手机，看着我扫描他的微信二维码名片。在我修改好他的备注的时候，他发出了惊呼："戴老师，您居然记得我的名字，我真的是受宠若惊！"我抬头看向他的脸，我感受到他的情绪有激动、期待和欣喜，我知道这背后是一种被看到的尊重。我是怎么做到的呢？其实很简单，这个演讲的会场，每一位听众都有姓名桌牌，而且这位听众就坐在前排，全程认真听讲。在演讲过程中，我就注意到了他，顺势就默默记下了他的名字。

　　被叫出名字，有价值感、认可感和被尊重感。如果能轻易地叫出对方的名字，相当于给他一个赞美和奖赏。所以，无论在自己的朋友圈，还是商务场合，在谈话中

能提到对方的名字 2～3 次，就会拉近双方的距离。因为
能叫出名字，意味着我们已经认识，有了互动基础，借
此加强互动，是一种非常好的方式。

2. 记住名字，是一种鼓舞

弗洛伊德在《图腾与禁忌》中写道："名字是人格的
重要组成部分，甚至是他灵魂的一部分。"有了名字，我
们才算真正地存在。古今中外一些成功的领导人、政治
家、企业家在与人寒暄时，大多会在"您好"的前面或
后面冠以对方的名字。例如，我说"您好"和"您好，
周总"给人的感觉能一样吗？另外，在与客户谈话时，
你提到两三次对方的名字，便是对对方的一种鼓舞，你
生意成功的概率也会有所提高。

不过很多企业家并不在意此事，员工与他谈话都是
先自报姓名，一转身他就忘了。见几次面后，第一句话
还是"啊，那个谁……"人名是一个人一辈子的代号，
中国人名往往包含了父辈、祖辈的愿望和期待。一位心
理学家曾说："在人们的心目中，唯有自己的姓名是最美
好、最动听的。"我的一位高管客户告诉我，一次他在无
意间与身边的人说起，"我刚才看到一个人的背影很像
×××"。后来证实他没看错，那人确实是 ×××。再

后来，这话传到×××的耳中，那位中层干部高兴得一晚上都没睡着，他感受到被亲近、被重视，所以内心受到鼓舞。领导看背影就能轻易地叫出隔级下属的名字，等于给对方一个巧妙而有效的赞美。

在一次行业大会的演讲现场，我上台的时候已经是大会的中后段了。一上台我就感觉到整个会场的气氛有些低落，听众已经显现出疲态。我扫视了一圈会场，发现了几位熟人，于是我便从与他们的互动和"寒暄"开始我的演讲。我选取了几段与他们相关又契合演讲主题的小故事，一边叫他们的名字，一边演绎着这些故事。随后便是一阵阵的掌声和欢笑声，听众全都重新抬起头，带着这样活跃的氛围，我圆满地完成了我的演讲。

演讲者能准确地叫出听众的名字，会让大家敬佩和震惊。一般情况下，大家不太关注这一点。但当大家注意力开始下降的时候，在演讲中能准确地叫出台下听众的名字，便能把听众的注意力拉回来。听众感觉这个演讲者很尊重我，其他听众听到，感觉也会不一样。

3. 记住名字，赢得信任

记得我刚到美国不久，便去了一家餐馆打工，具体说就是做服务员，端盘子。那时，我对美国的餐馆工作并不熟悉，语言上也没有半点优势。但几个月后，我从餐馆的"学徒工"成长为"明星"，不仅受到顾客表扬，还时常收到鲜花和贺卡，更主要的是收到了不少小费，这可关乎我的生计。在端盘子的日子里我总结出一些窍门：得记清楚谁先来谁后到，不分名望地位，依次公平服务；得记住他们喜欢吃什么，不喜欢吃什么；更重要的是当场记住客人的名字，日后他们再来光顾，也能脱口而出。那时我悟到，对我来说，记住用餐者的名字，就意味着"人缘"和"财源"。

我曾接到一个非常特别的授课邀请，企业的培训组织方希望我给学员上一堂"卓越演讲与表达"的课，因为他们发现这批员工的表达能力较差，不论是他们的工作汇报，还是公开讲话，都让听众备受煎熬。组织方告诉我，这堂课有两个难点：第一，他们并不认为自己的演讲与表达能力弱；第二，他们并不觉得请一位外面的老师来培训就能帮到他们。面对这样一批"没有学习意愿"的学员，我本想拒绝这次邀请，奈何经不住组织方言辞恳切的请求，只好答应下来。为了保证培训效果，我做了两件事：一是选取一部分学员在课前与他们做了深入访谈，并记住了他们的名字；二是我在上课前，不仅记住了访谈者的名字，而且背下了所有学员的名字。

在两天的培训过程中，每一次提问、互动和练习，我都可以迅速喊出学员的名字，整个培训现场氛围非常活跃，不论是出勤率，还是学员的投入度都非常高。培训后有学员和我说："戴老师，你一点儿都不像是外请的老师，感觉比我们内部的老师更像内部老师。"这次演讲培训也给了我很大的启发：记住学员的名字，就是建立信任的基础。

在听众完全没想到的情况下，叫出他的名字，会让他觉得自己非常特别，给他留下一个被重视的印象。当你记住听众名字的时候，就是震撼听众的开始！

彩排，让你开口就赢

当你看到一位演讲者，在舞台上泰然自若、侃侃而谈时，基本可以认为他并不是一位天才，也并不是通过临场发挥想到什么说什么的，他只是在正式上台前，经历过无数遍的彩排。

在哈佛教书时，我听过好几次校长"训话"。现在回想起来，别的话都记不清了，但有一点一直记忆犹新，就是校长要求老师们要向克林顿学习。学什么呢？他告诉我们，克林顿在演讲前总是不厌其烦地彩排，彩排，再彩排。为了达到预期的效果，克林顿常常和专家们一起对着录像一点点地抠细节……校长劳伦斯·萨默斯曾是克林顿手下的财政部部长，他与克林顿共事多年，在彩排这一点上，他尤为佩服克林顿。为了让我们感受一下"榜样的力量"，他还专门邀请克林顿来学校进行了一次演讲。那次演讲提前预告了时长为45分钟，克林顿脱稿侃侃而谈，抑扬顿挫，举手投足间极尽优雅与自信，听众深深地被他的演讲所吸引。真正震撼到我的是，在演讲到44分45秒的时候，克林顿完美地谢幕了，他居然将他的演讲时间的精确度把握到了15秒。我想，如果没有事先的精心彩排，几乎很难达到如此精准的程度！

　　后来的奥巴马也是一位演讲高手，他的夫人在接受媒体采访时爆料对奥巴马的两点"不满"：一是奥巴马打球的时候总是不让着她；二是奥巴马经常一个人在卫生间练习演讲，而且一练就是4小时。对常人来说，会把大量的时间花费在PPT的制作上，常常忽略了演讲前的彩排。而一个精彩的演讲和一个平庸的演讲的区别，往往就在于一个动作——彩排，彩排，再彩排。

　　我的一位企业家学员，曾在公司内部一次大型讲话现场遭遇"滑铁卢"。虽然他平时的发言风格诙谐幽默、极具感染力，但是他那一次讲话的台风、张力、流利度，竟比不上刚加入公司的年轻人，甚至还有点结巴和拘束。是台下听众们过分激昂的情绪让他不适应，还是会议组织方给的时间太短？事后，我了解到是他"轻敌"了，他排练花的时间少，导致在正式讲话的舞台上少了几分他平日里的洒脱，发挥严重失常。

对演讲前的彩排，企业家一般都不会太重视。我所辅导的企业家很多一开始都不习惯这种"小儿科"的练习，因为他们在公司讲话从不受限制，长期以来讲话"自由散漫"，都被"惯坏了"。

我辅导的一位企业家刘总，打算竞选某企业家协会理事一职。竞选议程规定每位候选人的发言时间为3分钟，超过1秒都不行。因为重视，刘总破天荒地用了三个星期准备了一份620字的演讲稿，他以为做到这一点就已经胜券在握了，但我要求他必须彩排50遍以上才能上台。听到我这"无理"的要求，他不以为然道："有这个必要吗？"他的回答完全在我的意料当中，于是我给他讲了一个故事：我认识的一个年轻人，他没在日本留过一天学，却获得全国日语比赛冠军。他其实只做了一件事，在比赛前，只要有人愿意听，他就把对方当作听众，反复进行演讲的真人彩排。他会和理发的小哥说："剪完头我能拜托您一件事吗？听我做一次日语演讲好吗？"就这样，他见谁抓谁，总共练习了不下 1000 次。所以，你说他真正上台的时候会是什么样的表现？刘总听完这个故事，沉吟了片刻，说："你让我练 50 遍，那我就练 80 遍吧！"竞选那天，刘总的得票接近满票，会后很多人跑来与他握手，向他道贺，并称他为"演讲天才"。他偷偷告诉我，他心里明白得很："我这只菜鸟，只不过下了点死功夫。"通过这次经历，刘总深切地感受到彩排的必要性，通过彩排我们可以在正式演讲前发现问题，并及时解决。如果到正式演讲时才发现问题，留给我们的将只有遗憾和失落。

不仅仅是演讲，各个领域的"明星"，在准备阶段都会尽可能把事情做得扎实，不留漏洞，只为确保在实战时没有任何冒险的成分。《迈克尔·杰克逊：就是这样》这部电影是根据迈克尔·杰克逊生前最后一次演唱会的彩排素材制作而成的，它还展现了杰克逊生前彩排时录的数百小时影像，以及对其最亲密的朋友和合作者的采访。由于杰克逊追求完美，所以他的彩排与正式的演唱会没有很大差别。但谁也没想到的是，他留给世界最后的精彩，竟然定格在那次"彩排"。尽管是彩排，但它依旧完美，追求完美的彩排与正式的表演，又有什么区别呢？

《波西米亚人》是世界著名的歌剧之一，世界知名男高音帕瓦罗蒂曾在英国皇家歌剧院（世界三大歌剧院之一）导演这部歌剧，他"钦定"一位很有天赋的年轻人做男主角。彩排前一天晚上，年轻人因为和朋友聚会到深夜，导致没有休息好。在第二天正式彩排时，他的精神状态不佳，两个音唱得不到位，不过他并没有在意。彩排一结束，总监马上召开紧急会议，随后告诉他："鉴于这场晚会的重要性和你在彩排时的表现，我们商议后一致决定取消你的演出资格。"年轻人听到后险些被击倒，但他还是据理力争："总监先生，我的水平相信大家都是知道的，这只是彩排而已，没有这么重要吧？"总监摇摇头说："不，先生，这非常重要！对我们来说，正式演出恰恰是无法控制的，我们必须保证彩排不出现任何问题。"这位年轻人最终失去了这次演出机会。

演讲其实是一个考验控制力的"游戏"，你要同时控制你的节奏、情绪、动作、PPT和听众的互动等诸多要素。所以，既然你的控制点这么多，如果不进行彩排的话，如何保证一定不会出现失误呢？

演讲成功的背后一定有那么一件事，就是彩排，彩排，再彩排！

第 三 部 分

管理你演讲的气场

从『引爆』到『品牌』

第 7 章

好形象

赋予演讲质感

形象，从"头"说起

《头发的历史》的作者美国人罗宾·布莱耶尔（Robin Bryer）一生痴迷于研究头发。他在书中写到，造物主对于人类的头发一定别有深意，不然，为什么尾巴和绒毛在人类进化的过程中褪去，却留下了头发？是为了保护大脑免受日晒，还是为了好看美观？抑或是留下一种不可言说的神性？他认为头发对人类一定有一种特别的意义。

对演讲来说，精致的发型，得体的微笑，都在传递着演讲者的威望和调性。五官是天生的，发型是你自己定的。发型是你的第二张脸，也是你的商标。撒切尔夫人的发型使她更显刚毅坚强，默克尔的发型使她更加平易近人，季莫申科的发型使她更具魅力，里根的发型使他尽显成熟、温良，而你的发型呢？

1. 发型拯救颜值

在《我是演说家》第三季的录制现场，鲁豫的登场迎来全场观众的欢呼。作为导师的鲁豫居然换发型了，大家忍不住发出惊赞："鲁豫一下子年轻了7岁！"之前鲁豫呈现给大家的形象是一款二八分的短款波波头发型，这样似乎把脸放大放圆了。新发型相当成功，很好地将鲁豫面部的优点展示了出来，时尚减龄又高级，受到网友和粉丝们的一致好评。这是发型起到了决定性的作用，并为站在演讲舞台上的鲁豫加分不少。鲁豫这次发型的调整说明了一件事——发型不对，颜值报废。

我也属于"爱发"一族。早年在美国留学时，我爱帮别人理发。那时，我们这一代留学生或交流学者都比较穷，平日里省吃俭用，更不舍得在发型上花钱，任凭头发野蛮生长。头发长得实在太长了，女生就扎个"马尾辫"，男生干脆剃个光头，或被室友理得坑坑洼洼。于是我决定给周边的留学生义务理发，好在我有着多年给我先生和儿子理发的"功底"。我会根据脸型设计发型，尤其是女生，让她们变得更美更自信。一位小伙子多次面试都被拒绝，有人提醒他"可能是你的头发不争气"，让他来请我帮忙，拯救他的颜值。他便真的找到我，在我帮他理发后，他真被录取了。后来，连朋友的朋友找工作面试之前都会先来找我理发。

有句老话"人不可貌相"，意思是不要"以貌取人"。但事实上，貌还是很重要的，尤其是"发"。例如，看一个人，人们不会只关注他的脸，而对他头发的多少、颜色及造型视而不见。

2. 发型增强气场

我曾经看过一篇报道，说希拉里受邀回耶鲁大学与耶鲁女生座谈。大家以为她会讲些什么宏大深远的道理，没有想到她一开始就和女生大谈特谈要注意修饰自己的发型，她觉得这件事情很重要。事实上，她对自己的头发执迷已久，早在注册推特的账户时，她就在个人简介中填上了"发型偶像"（Hair Icon）一词，这在政治人物中实属罕见，也被全世界媒体头条传得沸沸扬扬。当她的丈夫克林顿在政坛大展身手时，夫妇两个开始走到人前，逐渐成为公众人物，希拉里也开始关注到自己的外形。渐渐地，希拉里一改律师时代的呆板形象，改换了发型和发色，用隐形眼镜替换了厚厚的框架眼镜，穿上了得体的套装。

应该说希拉里参加美国总统竞选时的发型就很不错，干练的短发十分霸气，给人一种气场十足、值得信赖的卓越女性的印象，单单从外形上就为她赢得了不少选票。但是当上国务卿后的希拉里并不甘心"留守"在被大家最认可的"干练发型"上，她常常喜欢尝试不同的发型，时长时短、时紧密时松散，也因为她雷人的发型，不时给美国媒体带来新话题。在纽约晚会上，希拉里头戴一款金黄色麻花状发箍。在出访西班牙时，她将刚留起的长发盘成一个小发髻，结果引来不少非议。在参加奥巴马举办的中美首脑国宴时，她把头发留至超过下巴，发梢向外翘起，这种略带复古式的发型，放在她的头上，看上去好像未经打理就出门了，显得精神不佳，也与出席的场合不搭。事实上，希拉里有很强的意识，但执行力较差，她在发型上的过度自信、随意性和不确定性，并没有给她加分。一般来说，政治人物和行业中的位高权重者不经常改变自己的发型，毕竟他们不是娱乐明星，他们需要让自己看起来更沉稳可靠。

与希拉里相反，撒切尔夫人"认准"了一个发型，就不再改变。传记电影《铁娘子》（*The Iron Lady*）中有

个片段，撒切尔打算竞选保守党领袖，两位党内策略家
在回放了撒切尔夫人的讲话视频后，充满激情地鼓励和
说服她不仅要成为保守党领袖，还要坚定竞选英国史上
首位女首相的信念。接着他们分析了她与领袖形象的差
距。首先就是发型，他们直率地评价那烫成许多小圈圈
的发型显得过于可爱，这样的打扮可能会让选民对她望
而生畏的能力有所分心。他们给出建议，改变保守的发
型！撒切尔夫人果断地听取了意见，并同意摒弃单调乏
味的帽子。此后那蓬松的每一根头发都被梳理得服服帖
帖，打造出一种"头盔"般的发型，让撒切尔夫人铁娘
子式强大的气场深刻地扎根在世人的心中。历史学家、
《金融时报》特约编辑西蒙·沙玛（Simon Schama）对这
种标志性的发型评论道："撒切尔夫人头盔式的发型能抵
御任何大风大浪。"这种硬朗而又精神的发型与其施政风
格十分契合，并且始终传递着一种信号：无懈可击并永
远占据着支配地位。

3. 发型改变气质

　　一般来说，女政治家都是以短发示人，以此来彰显
政治人物的干练和睿智。澳大利亚前女总理朱莉娅·艾
琳·吉拉德（Julia Eileen Gillard）深谙此道，在她从政的

20 年里，头发从来不会长过肩头，并且她的短发有两个
与众不同的地方：一是与生俱来的独特红发，二是她有
意识地在不同场合调整自己的发型，常常让人眼前一亮。
她通过发型深化自己在公众中的形象，突出个人特质，
使自己在政坛独树一帜。

80 多岁的王德顺说："一场 T 台走秀，让很多人认
识了我，有人叫我最帅大爷，也有人说我一夜爆红……
没有谁能阻止你成功，除了你自己，该炫自己的时候，
千万不要对自己手软。我是王德顺，我是最炫东北人。"
王德顺老爷子的经历激励人心，他那一头飘逸的白发，
不仅是岁月的见证，也是对他气质的加冕。当他露出健
硕的肌肉走在 T 台上时，当他仙风道骨般地出现在电影
屏幕上时，当他在演讲台上慷慨激昂时，他的发型都深
深地吸引着观众的目光，形成一种令人印象深刻的、散
发着沧桑与自信的独特气质。

我会关注我的客户的发型，必要时会给出一些建议。
例如，有的客户习惯于剃板寸头，也叫板刷头，顶端是
平的，这显然与他的职位不匹配。当我问起为什么留这
种发型时，通常的回答是"洗头方便啊"。我建议这位
客户把板寸头改成分头，三七开或四六开，这种发型比
较适合职场人士。也有的人喜欢留学生头，学生头容易

遮脸，但成熟的男性应该露出额头。还有位比较年轻的CEO喜欢留莫西干头，即把两边的头发剃短，头顶的头发可用发胶做出不同造型。但因为他的腮部比较大，越往上越尖，配上发型容易让人联想到"桃子"。虽然这种发型比较流行，但明显不适合他的脸型和身份。

我听过上海戏剧学院一位老师的报告，其中说到学校有位舞蹈老师，人很漂亮，发型也好看，但比起当时流行的一丝不苟小油头、喷满发胶的鸡冠头，大家一直以为她对自己的头发有点儿漫不经心。一天，那位老师去舞蹈老师的办公室，意外发现她上课前不是在看教材教案，而是正对着镜子一根根地整理自己的发型，叫谓"一丝不苟"。原来她把形象管理也放在课前准备中了。

我在给 TEDx 演讲者做完内容指导后，有时会给他们一些关于发型的建议。例如，男生最好提前两三天去自己熟悉的理发师那儿理一下发，不要因为工作忙，而忽略了这个细节。女生如果留中长发，就帮她们考虑头发是摆放前面、后面还是一侧好，或者盘起来看看是否更符合脸型。这似乎已经超出了演讲教练的职责范围，但别小看这一细节，如今大舞台配上 LED 投影，演讲者的整体形象被放大了好几倍，我们还真要像那位舞蹈老师那样，备内容还要备发型，精心打理但又不显突兀，让人一眼望去感觉舒服、有亲和力、有权威感。

发型是我们的第二张脸，心情好坏都会在这第二张脸上表现出来。越是心情不好，越要注意你的发型，不要被人看出破绽。所以，当我们站上演讲台时，演讲要从头开始讲，演讲也要从"头"开始讲。

演讲时你该穿什么

我接触过一些企业家，为了演讲成功，常常花很大的力气写讲稿，却忽略了一个非常重要的因素——穿着。他们压根儿不愿费脑筋考虑演讲时穿什么，甚至固执地认为，只要我在台上讲得好，穿什么都无所谓。殊不知，听众总会在听你说之前先看到你的外表，得体大方的穿着会给你带来一种积极正向的心理暗示，同时听众会认为你的穿着在很大程度上反映了对他们的尊重程度。

1960 年，尼克松与肯尼迪第一次通过电视辩论竞选总统。就当时的政治影响来说，尼克松成功的可能性远远超过肯尼迪，但是投票结果出来后，他却输了。从电视画面来看，肯尼迪打扮得整整齐齐，显得精神饱满、气宇轩昂。尼克松由于患病初愈，看起来面容憔悴、精神不振。他的西装好像买大了一号，再加上穿着灰色西装在灰色的背景里，人似乎被淹没了。同色的背景大大弱化了演讲者的存在，难以衬托其魅力。有趣的是，大部分听广播的选民认为尼克松将获胜，因为看不见演讲者的形象，而大部分看电视的选民则认为肯尼迪赢了。可见演讲真的是一门综合性的艺术，既要求演讲者有好的主题、好的结构、好的节奏，也要求演讲者有好的穿着与仪表。

1. 穿着与演讲主题相配

孙正义是成就阿里巴巴的关键人物，这位企业家平常习惯穿一件 T 恤。一旦有正式演讲，他对服装的要求非常细致和考究。三木雄信在他的书中提到，在参加雅虎日本某宽带业务的演讲时，孙正义为了配合该项业务绝对低价的卖点，选择了优衣库的 Polo 衫；在 iPad（苹果平板电脑）发售现场，孙正义穿了一件特制的 Polo 衫，衣服胸前和袖子上分别有软银和 iPad 的 logo（标识），以此代表软银与苹果再一次合作成功。孙正义将对商业主题的理解融入服装的设计和选择中，让服饰为演讲服务，体现想要传达的思想和情感，既不喧宾夺主，又借此展现商业策略。

在电视节目《诗画中国》第一期开场，主持人撒贝宁的出场让人眼前一亮，他一身西装笔挺，最吸引人的是他那胸前印着一大株紫色兰花的白衬衫，自然地散发着中华文化的味道。紧接着是他的开场白："诗是无形画，画是有形诗。中华文明如同万古江河，奔流不息。诗笔与画笔，共同记录着发展历程，传承着精神血脉，共同描绘了，历史之美，山河之美，文化之美。"此情此景，不由让人赞叹，他作为主持人在节目中的服装定位十分成功，不出戏、不跳戏，让服装为讲话加分，让服装为节目添彩。难怪观众们都抱着一种欣赏的态度感叹道："怎么看都看不够！传统文化之美在于其广度与深度，在于其悠久的历史！""千年文化积淀，书写如诗如画！""中国的诗美如此壮观"……

2. 穿着与听众相配

莫言获诺贝尔文学奖后要去斯德哥尔摩领奖，对于他亮相时的着装，网民们展开了激烈的争论。按诺贝尔奖颁奖典礼的传统，男士应穿燕尾服或本民族的服装。莫言本人打算入乡随俗穿燕尾服，但是很多中国读者不答应，有人提出莫言应该穿民族服装，如唐装、长衫、中山装或者汉服，因为"我们实在无法想象，莫言穿着燕尾服会是怎样一个不伦不类的形象"。也有网友出来打圆场，"莫言以民族文学获奖，当以汉服领奖，示不忘本也；以西服宴乐，示融众也，如此则中西兼顾，皆大欢喜！"莫言是"老革命遇到新问题"，据说该穿什么让他也很纠结。对演讲者来说，需要针对听众的年龄、阶层、民族文化等，选择合适的服装，用最短的时间拉近与听众的距离，取得听众的信任。

几年前，在厦门举行了一次全国业余和专业赛艇比赛。比赛前一天有场演讲会，我被聘为策划和指导。我被问到选手在台上该穿什么？当我看到会场里听众都穿着运动服时，认为演讲者原先准备的商务休闲服显然有些正式了。为了和当时的氛围更贴近，我让演讲者马上改穿运动服。演讲者本人也是运动员，这样的穿着倒显得应时应景。假如赛艇演讲穿西装，倒显得格格不入了。

我去演讲前，一般会根据行业、会议类别、规格、听讲人群提前两天确定所穿的服装。这样可安下心来做自己该做的事，而不用临行前考虑着装问题。例如，给银行行长讲课，我会穿正装，因为台下的听众都是西装革履的；给 IT 高管、医学专家讲课，我就穿商务休闲装；给时尚服装界企业家讲课，我更会在色彩、质地、款式上精心挑选出新潮大气、质地精良的职业装。另外，出差前我还会带上一套备用的，以便到了现场还能根据气候、场景及温度的变化做出调整。

想方设法接近听众的着装风格，可以为演讲带来更多加分。如果我们是去雅戈尔公司演讲，西装的品牌最好就选雅戈尔；如果我们是去李宁公司演讲，就穿双李宁牌的运动鞋；如果我们是去小米这样的互联网公司演讲，不仅穿着上可以显得更年轻活泼，而且当你掏出手机的时候，被听众看到是他们公司的品牌，这带给听众的又会是一种什么样的感受？所以，演讲者完全可以通过着装与听众建立关联，更好地融入听众群体。

常常有人问我，演讲者应该怎么穿？我的回答是，永远穿得比你的听众正式一点点。

3. 穿着与自己相配

当了总统后，奥巴马在许多正式演讲场合，一直身穿暗色的英式剪裁西服，搭配白色剑领衬衫。他的穿衣风格看上去平淡无奇，但私底下却下足了功夫。奥巴马的身材属瘦高型，假如穿上很合身的衣服，会显得更瘦更高。因此，他的西装上衣总是选择肩宽超过自己肩膀的剪裁，平驳头尽量伏贴在西服上，因为太高的翻领会让西装上衣显得过小。他还为自己修长的脖子配上一个比标准衬衫领子高 1～3cm 的衬衫，这样脖子暴露得不是太多，让他看起来更酷、更靠谱。

每逢和民众在休闲场所交谈或者做一些激动人心的演讲时，奥巴马常常不系领带或者脱去外套，将衬衫袖子挽到手肘处。有人说，男人做出这样的举动，通常可以解读为无畏和满怀梦想，迫切需要信任和支持。路透社援引某公司调查结果报道，经过对 3000 名男性的调查，奥巴马凭借西装打扮和穿着品位成为头号时尚男人。英国时装品牌的一项调查也显示，奥巴马被选为最性感的政治家。当我们翻看他的无数演讲镜头时，发现他真的很棒，与他自身相配的着装确实提升了他的受欢迎度。

演讲者要知道什么样的穿着可以在舞台上更好地呈现自己，合适的穿着不会过于耀眼，从而让听众忽略了演讲者本人，也不会凸显演讲者体态的短板，从而破坏整体形象。例如，有位 TEDx 演讲者，谈的内容是野外探险，彩排时她穿了一条紧身的牛仔裤，显露出了她有点儿 O 形腿。这也是她第二天上台的着装，我建议她换一条裤管略宽松的裤子。身材肥胖的人不适合穿紧身衣，这类人更适合穿深色服装，这样会显得体态匀称一些。身材瘦削的人穿横条的服装就会显得丰满一些，而且最好搭配浅色的服装。如果还有演讲者认为自己颜值不够高，那么最简单的方法就是，通过精心设计的穿着来给自己加分。

如今公众对哪位名人的着装感兴趣，媒体都会广为宣传，大人物的着装也成了人们津津乐道的话题。《时尚先生》（*Esquire*）杂志评价前英国首相鲍里斯为超级不会着装的男士，"穿着奇怪的袜子，外衣口袋总是鼓鼓囊囊……"。而《时尚先生》杂志给奥巴马的评价是"困境下着装的典范"。

我的教练对象中有些人一开始都像鲍里斯那样不重视穿着，但在我的引导下，情况有了改变。有位企业家在做大型产品新闻发布会的前一天晚上，在服装店里用微信主动给我发来一些试装照片，让我参谋。那次的成功着装，让他在台上显得信心满满。还有一位客户要上电视节目演讲，干脆提个箱子，把家里的行头拿来给我看。当我们一起把穿着定下来后，她才放下心来。

如果你衣着随意甚至邋遢，去跟一位穿着整洁、体态得体的演讲者同台竞争，很大概率你会是那个被淘汰的人。所以，如果你要进行一次重大演讲，不仅要考虑说点什么，还要认真琢磨如何把自己打扮得大方得体，让你的着装为演讲加分。

微笑，你会吗

面向演讲的舞台，没有一位听众不希望演讲者用微笑去迎接他，一个微笑足以打开心窗，进行思想交流。

我记得儿子在美国上高二时，学校建议他们去观摩高三同学与大学招生办的见面会。美国名牌大学的招生委员会为获取优秀生源，不惜放下身段去有名的高中"摆摊"招生。那天晚上儿子邀我一起去逛逛，我有意让他在哈佛大学的摊位前停留，这时只见一个高高的男孩走到哈佛招生官面前："老师，请问怎样才能进哈佛？"老师认真打量了一下这个学生，然后和蔼可亲地回答："孩子，你回去练微笑吧。"那时我正在哈佛教书，学生聪明好学应在意料之中，但怎么个个都彬彬有礼呢，我就有点纳闷。这才明白，原来学校招生办一直在前方严格把关，甚至对学生的面部表情也不放过。

1. 微笑，提升魅力

卡耐基说："一个人脸上的表情比他身上穿的更重要。"没有什么东西比一个灿烂的微笑更能提升演讲者的个人魅力了。我有位客户，不管谁看到他，印象最深的是他那张善良温和的笑脸。他是《中国慈善家》的封面人物，他的微笑似乎与生俱来。媒体更是给予高度评价，说他的笑，是世界上最干净的笑。说实话，刚开始的时候，他的演讲有些地方仍需提升，但他那纯净的微笑，让他在台上演讲时，总能赢得听众的掌声和支持。

我曾经人介绍认识了一位新朋友，至今我们都未曾谋面，大多时候通过电话交流工作。即使不是面对面交流，互相看不到对方的脸，但是我从他的声音中能感觉到，通话时他一直保持着微笑。一次，我和他视频电话沟通。果然，他一直在微笑着说话，印证了我的猜测。

微笑是种"和谐波"，物理上有"身心"共振关系。我们微笑地与周围人交往，会发出和谐波。当我们愤怒时，散发的波完全不同。日本科学家研究发现，微笑地对一杯水，那杯水结成的冰花很漂亮，因为微笑对外发出和谐波。[一]演讲者与听众和谐互动，物理学上的和谐就是共振。在讲话时，我们面对面自然而然地露出微笑、轻度喜悦的状态，能量值高，给魅力加分。

在演讲时，微笑是基本表情，是接近听众、温暖人心最好的方法。如果女生在演讲前没有机会化妆，不用紧张，只要记得展示你的微笑就好了。用微笑赢得好感，用微笑感染听众，用微笑调动气氛。

　㊀　资料来源：https://www.jianshu.com/p/02cc7ca9069f。

2. 微笑，连接成功

中国有一家特别的企业——海底捞。每到晚上，无论寒暑，家家分店门口几乎都会排起长队。海底捞员工的微笑就是招牌，它吸引了无数客人。海底捞还把生意做到了新加坡、美国。一次，我在新加坡看到那里的海底捞照样一席难求。据说海底捞的一位店面经理曾这样问员工："对顾客微笑，你们会损失什么？"员工回答："没有啊！"经理再问："微笑，需要你自个儿垫钱吗？"答："不用啊。"经理因势利导："如果微笑是一种不需要成本的投资，又能带来好口碑和顾客的高回头率，你为什么不对顾客微笑呢？"

热爱工作，对顾客真诚地微笑，这是每个餐饮企业对员工的希望和要求，但很多企业没做到，而海底捞做到了。在那里，你会看到老板对经理微笑，经理对领班微笑，领班对员工微笑，员工对顾客微笑，最后顾客对海底捞微笑。这种"笑的传递"使海底捞笑傲餐饮江湖。

我服务的对象大多是老板，企业员工常常半真半假地说，"老板，老板，老是板着脸"。有一次，有位客户将接受电视台专题采访，我协助他做预演练习。那次我和他着重讨论的不是表达技巧，而是脸部表情与影响力的问题。起先他并没察觉自己有张硬邦邦的"老板脸"，看了自己的预演录像，再与其他知名人物的录像比较后，他才觉察自己的表情过于"老板化"了。第二天，他在自己的办公桌上贴了个座右铭，并不是什么大道理，而是"经常微笑"四个字，时时提醒自己记得保持微笑，不要给人面无表情、老不耐烦的印象。现在公司的业务不断扩大，他更是笑容可掬。他告诉他的高管们，懂得保持微笑的人，就等于掌握了成功的钥匙。回头再看自己过去没有笑容的脸，就像是一块"请勿打扰"的牌子，不论朋友还是客户，都会因此选择和自己保持距离。

人们总是喜欢和开朗、面带微笑的人交往，而对那些孤僻、表情冷漠之人，则总是避而远之。优秀的电视节目主持人、公关人员、售货员等，深受人们喜欢的奥秘，就是他们具有动人的微笑。微笑可以融化人们之间的陌生与隔阂，可以使别人在看见你的第一分钟起，就产生一种信任的感觉。微笑还可以鼓励对方的信心。所以，真诚的发自内心的微笑会帮助我们打开友谊之门，帮助我们建立和谐的人际关系。有了更加和谐的人际关系，我们的自信心就会得到很大的鼓舞。

3. 微笑，要看场合

《哈利·波特》作者 J. K. 罗琳（J. K. Rowling）在 2008

年哈佛大学毕业演讲《不要害怕失败》中神情严肃地说道："客观地说，在传统意义上，在毕业后的第七年，我失败得一塌糊涂。那年我结束了我那短命的婚姻、失业、成为一个单亲妈妈，成为英国最贫困的人。除了有家可归之外，我什么也没有。无论按照哪一条标准，我都是自己见过的最失败的人。现在，我不想告诉你失败是有趣的。我那段日子过得特别灰暗，想不到那段时光会被后来的媒体说成是'带有童话色彩的革命'，更不知道苦难之路到底有多长，总之很长一段时间，暗道尽头的那抹光亮对我来说更像是一种奢望，而不是现实。那为什么我要谈失败的好处呢？因为失败意味着，你能从无关紧要的杂事中抽身。我不再假装成任何人，我只完成对我来说唯一重要的工作。我若之前获得过成功，或许就再也没有机会在我真正想做的领域获得成功……困境的谷底成为我重建生活的坚实基础。"

"一百年了，他们还要再回来，一百年了，敌人又跨过长城，窥测中原。你们的子女在这里，你们的土地在这里，你们的父母兄弟在这里，你们的祖先也埋在这里，我们已经没有退路了。将士们，今天，我要和你们一起，血染沙场。我要和你们一起，打三阵，赢三阵！"这是电视剧《大明风华》中，"北京保卫战"打响后，明军主将慷慨激昂的阵前演说。

微笑是一种含义深远的肢体语言，在使用微笑时，我们需要注意场合。在讲述烈士遇难的故事时微笑，会让人误会演讲者情感麻木；在讲述领导批评员工的案例时微笑，会让人误会演讲者幸灾乐祸；在描述看起来有些幼稚的问题时微笑，会让人误会演讲者傲慢轻浮。所以，要想微笑发挥最佳价值，我们就既要看对象，也要看场合。

当然，微笑比其他任何表情都有优势，因为人类的大脑偏爱笑脸。在所有表情中，大脑识别笑脸最快，也最容易。一些神经学家认为，大脑中产生乐观情绪的神经系统随时都准备启动，使人们乐观的时候要比消极的时候多，因此容易产生乐观的生活态度。他们把这种现象称为"笑脸优势"。

微笑也是有讲究的。当有人问起美国肯德基连锁店总裁成功的秘诀时，总裁优雅地微微一笑说："露八颗牙齿。我们公司有个明确的规定，任何一名员工在面对顾客时必须笑到露出八颗牙齿的程度。"多么简单的规定，只需要在见到顾客时轻轻地露出你的八颗牙齿，那么你获得的不仅是美好的心情，还有意想不到的财富。那看似不经意的轻轻一笑，蕴含着无穷的魅力与能量。

　　所以，用你的微笑去欢迎每一位听众，那么你会成为最受欢迎的演讲者。

嗓音质地与领导者权威

　　演讲是有声语言的艺术，它通过声音来传达情感的变化和表达思想内容。演讲者可以通过语调的高低、语速的快慢流露出坚定、期待、颓废，或是失望的情绪，从而感染听众。对演讲的声音来说，还有一个神奇的撬动点——演讲者的嗓音质地。嗓音质地在演讲中也可以成为化腐朽为神奇的点睛之笔。

　　李总的公司是行业里的老大，她也是我一对一演讲教练的对象。一次，她向我吐露苦水：当她与客户面对面交谈时，总觉得别人有点轻视她。更糟糕的是，一旦使用电话交流，她不仅能感受到电话那头对她的冷淡，甚至能明显感受到对方不重视她。起初她百思不得其解，直至有个朋友告诉她，那是她的"奶声奶气"的嗓音惹的祸，别人总以为是在和一个资历较浅的年轻女秘书打交道。李总无奈，从小到大她就这样说话，也一直对自己年轻的"小甜甜"似的嗓音感到满意。直到那次才发现，原来自己的嗓音现在已经在"帮倒忙"了，明明是正牌儿的董事长却被当成了冒牌儿的，她的权威因嗓音被严重低估了。所以，这也是她成了我的工作对象的原因之一。尽管每个人心里对声音都有独特的审美，有人喜欢优雅细腻的声音，有人喜欢成熟醇厚的声音，有人喜欢青春洋溢的甜美的声音，但是对演讲中的好声音，我们终究是有共性的标准。

1. 嗓音质地影响领导者的可信度

做了英国首相 11 年的撒切尔夫人出身门第不高，而且曾经拥有不尽如人意的尖锐嗓音，这一度对她作为英国保守党领袖的形象产生负面影响，但她对此毫无察觉。直到她的竞选助手告诉她，没人愿意听"声音尖利的女人"说话，更不愿意接受这样的女性领导时，她才不得不正视这个问题。她的助手激励撒切尔夫人：如果她能修正嗓音，那么就能获得更多的民众信任和支持，甚至可以角逐首相角色。撒切尔夫人听后难以置信，头摇得像拨浪鼓，连连说："不，不，那不可能！"不过最终她还是同意了接受教练的指导，于是撒切尔夫人在繁忙的公务背后还将一件重要的工作提上了议事日程——改变自己的嗓音。[○]通过刻苦的练习，她的声音形象摆脱了她

○　资料来源：http://news.cntv.cn/20120208/117331.shtml。

的出身符号，并且真的登上了英国第一位女首相的宝座。

在人们的心目中，领袖都有着高大的形象。一个有权威、值得信赖的政治家应当既有优雅的风度，又有深沉、有力的声音。例如，奥巴马那充满磁性的嗓音颇受听众的喜爱，这不仅为其演讲增光添彩，还因此赢得了 2008 年美国唱片学会颁布的格莱美奖。美国及世界名人都喜欢借助哈佛讲坛施展其影响力。我在哈佛任教的那些年里听过许多场领袖级人物的报告，其中不乏像克林顿夫妇那样的名人。细细想来，他们都拥有人们梦寐以求的嗓音：既有力又动听，既独特又可信，既尽显智慧又能引起共鸣。许多政治家都知道他们的声音与其政治生涯之间的关系，而在这方面有缺陷的，都会寻求专业帮助，为自己的声音"整容"。这曾经是演员的专利，现在不仅有政治家，还有企业高管也加入了这一行列。

在针对企业高管的领导力内训课中的一对一教练环节，当我提出要为教练对象进行声音训练时，这些企业的领导者尽管嘴上不说什么，脸上却明显地流露出不以为然。于是我问："你认为商业领导者的声音应该是什么样的？""你觉得你的音质和受人敬仰的商业领导者有什么差别？"当他们缄口不言时，我把乔布斯、舒尔茨（曾任星巴克 CEO）、柳传志的声音播放给他们听。随后我把他们本人的演讲录音放给他们听，听着听着他们的头慢慢低了下来。我问："假如这不是你的声音，而是另外一个不认识的董事长的声音，你会对他产生什么样的印象?"我听到的回答是："听起来这个人没有深度，处事草率，底蕴不足……"

经过对比分析，他们才发现自己平日里颇为自得的声音，并非想象中那样浑厚有力和充满魅力。通过对自己录音的"复盘"，他们慢慢意识到原始的声音不能尽显自己的力量。之后，在给公司内外部做演讲时，他们开始关注自己是否在用企业领导者的嗓音说话。我也就此做了调查，结果表明，嗓音的改变，大大增加了听众对其的喜爱度，有效地体现了成功者的风范。后来，他们不再把这一训练看成"小儿科"，甚至对自己嗓音的打磨变得乐此不疲。有的企业领导者每天都要花一点儿时间来完成改声练习；有的企业领导者在演讲前主动拿起自己的演讲稿大声朗读；有的企业领导者甚至说，希望退休后学演话剧，他对自己一副刚被治愈的好嗓子信心满满。

2. 声调的高低影响领导者的魅力

值得一提的是，声调的高低与领导者的魅力关系密切。这个时代的高管工作节奏都很快，每天的工作像打仗，要么是在"战场"，要么是在去"战场"的路上，难免一直处于紧张状态，而紧张时声调往往会不自觉地提高。

我认识一位企业家，他的事业很成功，但刚一接触时，让人感觉并非如此，原因是他说话时声调太高了，那种音属于噪声，它能让人产生不安的情绪，而这位企业家从小到大就一直习惯这样说话，也从来没有人提醒过他。而与之相反的是，有些男性因声音低沉而获利。2011 年发表于《进化与人类行为》杂志上的一项研究表明，选民认为声调较低的发言人更具有领导潜力和控制力，而且为人更诚实，也更有智慧。这是加拿大麦克马斯特大学心理学系曾做过的一项研究，研究显示嗓音低沉的人被认为更具领导力。在选择领导者时，人们会不由自主地选择嗓音低沉的一方。针对 1960～2000 年美国总统选举的调查也可以证实，最后入主白宫的都是嗓音比较低沉的候选人。麦克马斯特大学心理学博士生卡拉·蒂格（Carla Tigue）说："声调较低的人，无论男女更能吸引异性，因为嗓音低沉被视作吸引力和支配力的双重体现。"曾四次出任英国首相的格莱斯顿也说，"99% 的人不能出类拔萃是因为他们忽略了对嗓音的训练，他们认为这种训练不具有任何意义"。在我看来，越身居高位的人，越需要对嗓音进行专业的训练。

2016 年秋天，美国前总统特朗普的女儿——伊万卡·特朗普（Ivanka Trump），进行了一场精彩的演讲，被称为"全美年度演讲好声音"，有媒体认为正是她的演讲帮助父亲成功登上总统宝座。由此可见，动人的嗓音的表现力与影响力之大。一副好嗓音能够决定你的人格魅力、个人气质，甚至能左右听众的情绪与决策。

演讲是以声音为主要呈现方式的艺术，对嗓音的要求很高，以下是我的三点建议：

（1）自查嗓音

给自己做一次嗓音评估。从你给别人的微信语音留言中随机找出几段，听听自己的声音是清晰的，还是沉闷、阻塞的？是圆润的，还是刺耳、嘶哑的？是有力的，还是微弱、冷淡的？如果是后者，建议改善后再录一段音做比较。改善后的声音应该变得更具吸引力，听起来更可信、更有思想。"好声音"应该是饱满、自信、有活力、有感染力的。

（2）确定音高

音调高低是鉴别不同嗓音的重要依据。低沉而充满朝气的嗓音会使你更有权威，而高频率、窄音域的嗓音容易给人一种亢奋、不稳重的感觉。在自我练习时，先

用最高的音调念一次，再用最低的音调念一次，取中间
那段音高便是人们听感上最舒适的，这也是专家指导撒
切尔夫人练习的方法。尽量使用比自己天生嗓音更低的
声调。

（3）坚持练习

声音会产生视觉效果。有时候我们与对话对象不一
定是面对面的互动，当通过电话或者无法看到说话人的
脸时，声音就会成为塑造个人形象最关键的因素。不同
的声音将会在听者的脑海里构建出不同的形象。尽管很
多人并不一定天生就有一副好嗓子，但是经过持之以恒
的练习，就可以提升自己的"声音形象"。

（4）标杆学习

借鉴他人的先进经验以弥补自身的不足。我们首先
要识别出自己的不足，在没有专人指导的情况下，可以
在自己熟知、喜欢或崇拜的人中找一个声音楷模，反复
听辨、模仿，久而久之，就会水到渠成。标杆学习的要
点在于，选定目标后，全力以赴地学习，毫不怀疑地学
习，不打折扣地学习，就会看到效果。

第 8 章

好肢体语言

赋予演讲生命

演讲手势的三步三忌

上台演讲，既要动口又要动手。手势让你在演讲时更有魅力，那么手应该怎么动呢？或许你也有这样的体验，上了演讲台，突然感觉自己这双手变得多余了。

我在第一次参加演讲比赛之前，也完全不知道双手该怎么放。那个时候的我对演讲完全没有概念，真心希望有人指导，或借助图书、杂志找到秘诀，但是我手头什么资源都没有。幸运的是，看过几部外国电影。我隐约记得电影《列宁在1918》里面有个关于演讲的镜头：当列宁讲到"死亡不属于工人阶级！"时，左手大拇指横插小坎肩，右手掌心向下，自胸口向右前方有力挥去……话音已落，而手势还在定格中。那坚定的语言，配上这一标志性的演讲手势，极具鼓动性。几秒之后，台下听众沸腾起来了。那是我能在大脑中搜索到的唯一画面。

参赛前，我对着镜子反复练习。我猜想，演讲应该是有手势的。在正式比赛中，我的运气不错，获得了一等奖，还上了电视。除了内容和语言表达获得好评外，评委们还对我的个性化手势进行了特别褒奖。后来，当时正热的《演讲与口才》杂志特邀我写一篇关于演讲手势的文章。青年演讲理论讨论会也找到了我，让我撰文《讲究演讲手势，增强演讲效果》。这些对我这个演讲初学者来说，都是极大的鼓舞。

这些年来，我的客户常常会问："演讲时我的手该怎么放？"我便把他们过往的演讲视频拿来"复盘"，关掉声音，放无声录像，和他们一起解析其肢体语言。首先找出那些自然流露出来的好手势，把它们固化下来；再找出含义不明的习惯性小动作，记入"黑名单"（我把它叫作手势中的"嗯、啊"口头禅），这些要坚决改掉。对于不擅长用手势者，我要求他们必须自我挑战，尝试使用手势。起初他们觉得很难、很别扭，但坚持了一段时间后，不适感也就消失了。

慢慢地大家形成了习惯：当不需要使用手臂或手势强调观点的时候，将双臂放下，垂于身体两侧，保持自然舒适的状态；需要提示重点时，配上适当的手势，为演讲内容"点睛"。

该如何向自己的双手借力？对初学者来说，演讲手势可分三步走。

1. 演讲手势三步

（1）多学几个招式

要在自己手势的"仓库"里多存储几个手势，以免手势过于单一，让听众感到乏味。刚开始可以多学习高手优美潇洒的手势，照着他们现成的样子学着做，也就是说允许从模仿起步。但要切合实际地"引进"符合自己年龄、性别、气质、习惯、身份的动作，不然就会像装上去的"机械手"，例如，孩子或年少者在表达"我"的时候，可以用单手或双手放在胸前，但是年龄成熟的人就不必了。

另外，手势活动区域不同，表达的内容和情感也不同：

上区（脖子以上）表示积极向上，一般用在号召、鼓动、赞美、表扬时。例如,"当有人问一位著名的飞机设计师:'什么机种是过时的?'这位设计师的回答是'凡是天上飞的都是过时的!'"配合此句表达可伸直手臂,食指或手掌指向头顶上方,"都是过时的!"食指或手掌有力地从头顶划向舞台前方。

下区(腰以下)表示消极、否定,一般用在批评指责时。例如,"戈培尔说,'谎言重复一千遍就成了真理',他不是跟着希特勒一起垮台了吗?"("垮台了吗?"右手食指指向侧身后的地面,眼睛正视前方,以表示对某些事物的不屑。)

中区(腰至脖子之间)表示一般的阐述和说明。在演讲过程中,手势大都在中区自然使用。例如,"如何突破舒适区?"(张开双手,掌心向上,拇指自然张开,其余弯曲,这一手势包容量很大。区域不同意义有别:手部抬高表示"赞美""希望",手部在中区表示"提问""阐述",手部放低表示无可奈何。)

(2)大胆创新

模仿是初级阶段,如果增加一些独特的个人风格,便会给人耳目一新的感觉。世界体操比赛,除了完成基本动作外,还有许多创新动作。这些独创且胜人一筹的动作就是以运动员名字命名的,如李莉的"李莉背转"。

手势设计要合理、恰当。有一次我在演讲中说道："坚持讲真话，不怕得罪人，不怕伤感情，不怕穿小鞋，不怕丢乌纱帽，不怕掉脑袋……什么都不怕！"说到最后一句，我将自己的长辫子从胸前用力地甩到背后，用来表示坚定的信念和无所畏惧的精神。即便是我这个小人物创造的新动作，也得到了大家的肯定，这些人中不乏演讲高手。在演讲练习中，我们往往会自然流露出一些好的即兴动作，如果能敏锐地抓住它，大胆地进行提炼加工，使之更准确更鲜明地配合语言表达，就很可能变成一个特别棒的手势。

大家知道，向人伸中指是大忌，但很多人没意识到伸食指点人也是不合适的。这样的手势不仅不礼貌、冒犯人，还带有攻击性。据说，克林顿解决了这个问题，他发明了一个替代手指戳人的动作：将食指弯曲顶住大拇指指尖，另三个手指紧握。这个手势在表现权威感的同时，又看上去温和而亲切，还会给听众留下"思想深邃""目标明确"的印象。这一招引起了"潮流"，不仅被其妻子希拉里在演讲时模仿，他的后任奥巴马也在用，其他各国首脑和商界领导者也纷纷效仿。而使用手势不当的特朗普的"兰花指"则受到媒体，甚至孩子的嘲讽。

（3）合理布局

作为一场准备充分的演讲，应有计划地安排手势，即什么地方需要手势、什么地方手势幅度应该大一点、什么地方应该使用单手、什么地方应该使用双手等，都要有整体的设计安排。在演讲舞台上，时常发生这样的情况：有人纹丝儿不动；有人五步一岗、十步一哨；有人随意乱动，从开场到结尾，两手一直忙个不停，其动作让听众心烦意乱。我也见过有的演说者仅用最后一分钟在手势上加速加力，其结果只能给人留下"拳打脚踢"的感觉。

人们喜欢听乔布斯演讲的原因，还包括欣赏他的手势。这位美国商界公认的演讲大师的手势和他的语言一样透露出权威、信心和能量，形成他特有的节奏感和表述方式。乔布斯比一般演讲者用手势更频繁，他善于利用手势加深听众对演讲内容的理解，使演讲获得成功。

手势多些好，还是少些好？如果你在演讲方面是个新手，对如何驾驭手势不太清楚，一般来说，手势少些较为安全。我们需要限制自己那双"勤劳"的手，因为这不是在拳击场上。一味地效仿权威人士的手势，也是有风险的。有位英国书商曾和我说起他们的前首相布莱尔，对其手势过多表示很不满，他说："那家伙好像用手在演讲。"

2. 演讲手势三忌

（1）单调重复

有人反复做同一个手势，如频繁地用一只手做"掏心窝"状，或者不停地"炒菜—切菜—炒菜—切菜"（炒菜：类似"掏心窝"；切菜：五指并拢，手掌挺直，像一把刀用力往下切）。还有的做一场视频直播，只有两个动作：双手两边分开，双手十指穿插一起。这不仅显得单调枯燥，还会分散听众的注意力，听众要么认为你紧张、怯场，要么认为你不够谦虚，会产生厌烦心理。又如握拳，有位演讲者总是单手或双手握拳，不时地平举胸前或高举过肩或挥动或直捶，殊不知这种手势常用来表示愤怒、呐喊，有较大的排他性，演讲中不宜多用。

（2）设置屏障

双手在腹前交叠、十指交叉、指尖相对呈塔尖状等动作，虽然看上去有点儿像主持人，但显得过于正式，还让人感到有道无形屏障设在你身前。乔布斯几乎很少做这类手势，他从不双臂抱肘，而喜欢使用张开双臂等开放性的手势（大臂不能紧贴在胸的两侧），甚至不让讲台在自己身体前筑起"围墙"，尽量与台下听众保持平等的对话关系。

（3）呆若木鸡

我发现有的演讲者从来不动手，正襟危"站"，中指紧贴裤缝，好像士兵列队，直直地站在讲台上，只有嘴巴一张一合，像背书一样。即使有再好的演说词，人们从这两只下垂的手又能得到什么启迪？也有的两手死死摁住讲台，完全"剥夺"了手的自由。演讲，要求的就是既要演又要讲，演讲者恰当地运用手势，可以使演讲生动形象，增强有声语言的情感张力。

芝加哥大学的戴维·麦克尼尔（David McNeill）博士从 1980 年起就专门研究手势。他的研究表明，手势可以帮助演讲者更好地理顺思路，因为在运用手势时，需要演讲者加倍集中注意力。他还发现，受过训练、作风严谨、满怀信心的演讲家善于运用手势来清晰地表达思想。

所以，对于演讲，君子动口，也要动手！

握手也许你不会

在我们开始上台演讲时，还有一点要注意，那就是在标准化上台流程里，有时候会有一个握手环节。当主持人叫到我们的名字时，我们需要起立，然后自信从容、迈着轻快的步伐与主持人握手，接过话筒（话筒筒头朝外，表示对听众的尊重），把无声气场带入现场氛围。

上台握手也是第一印象。国际演讲会的规矩是，凡是上台演讲者都要与主持人握手，给人仪式感。除了声音信息、图像信息外，肢体接触和视觉上细微的示意，都在一定程度上表现了相互的关系，这对参与者和台下的观众都有不同的意义。通常在演讲结束后，还要用握手，画上个完美的句号。

有一次，一位董事长要与发言人握手，但这位下属却把手缩了回去。在台上别人和你握手，你缩手，会让对方误会你的注意力不在对方身上；听众会认为你缺乏自信、准备不足，甚至会怀疑你的演讲能力。众目睽睽之下，握手时三心二意，不在状态，怎能让人对你产生好的印象？

演讲者上台前，若有恰当的机会，最好与台下的听众握个手，建立起好的关系。在给 CEO 和高管上演讲课时，我会让大家过一次"握手"关。我请学员全体起立，先与"左邻右舍"握握手，再与前排后排的人握握手，这时场面常常一下子热闹起来。学员以为是热身，既配合，又投入。在"大合唱"之后，我请两位志愿者上台演"二重唱"。我问观众，台上的握手者做得是否到位得体，正确的姿势应该如何？台下开始纷纷议论起来，并急切地给表演者支招。接着我递过话筒，请台上两位分享与对方的"握后感"。经过一番理论"摸底"，我往往还亲自体验一下那两位的分寸感，如果被握得太重，就做剧痛状……当台上台下一片欢笑时，我转而神情严肃："一个看似简单的动作——握手，也许你还不会。"我的小题大做，通常会让大家为之一怔。

我有个朋友在通用电气（GE）工作，有次参加在纽约市北郊水库的 GE 大学举行的季度领导会议。利用会议休息时间，杰克·韦尔奇的继任董事长兼 CEO 杰夫·伊梅尔特（Jeff Immelt）与每个与会者一一握了手，短短的几秒时间，让我的朋友整整兴奋了一个星期，感觉整个工作状态都提升了。他说，这样的握手很有力量，是一种赋能，并且让人感动。握手带来的现场能量传递，更是触发了高质量的反应，使大家对公司更有信心。

美国前总统克林顿在握手方面绝对是个高手，凡是和他握过手的人都对他有良好的印象。克林顿对握手产生浓厚的兴趣或许可追溯到半个世纪前。他曾与一批优秀学生被当时年轻有为的美国总统肯尼迪正式接见，两个人还亲切握过手。也许连肯尼迪都没想到，这极富"感染力"的一握，对当时年仅 16 岁的克林顿来说将产生多么深远的影响。后来，当克林顿如愿以偿地成为总统后，他仍对青少年时代在白宫玫瑰园与肯尼迪握手的情景念念不忘，还不时地与大家谈起那段美妙的回忆，并拿出当时的照片和视频给大家看。

克林顿标志性的握手还被搬上了银幕，美国电影《风起云涌》对此大加演绎，并剖析其背后释放的真正含义。例如，用一只手握是什么意思，再加上左手去拍对方手臂或肩膀又是什么意思。美国商人对克林顿拥有世界超凡的亲和力和握手魅力也佩服至极。一次洛杉矶知名商人史蒂夫·索伯夫（Steve Sobov）利用跟克林顿一起打高尔夫球的机会，向总统讨教是如何应付日常这么多的握手的。克林顿立刻说出了关键秘诀：首先，握手时要稳重，不要着急；其次，目视对方的双眼，并面带微笑；再次，紧握对方的手，尽量少或不要摇动你的手臂，上下晃动最多不要超过两次；最后，用另一只手握住对方的手臂或肘部。克林顿特别提到，加上这另一只手，可以增添要表达的热情和信任度。同样，当你想从对方的手中脱身时，这另一只手特别有用，尤其是在你要与很多人握手的时候。这给商人史蒂夫上了一堂难忘的握手课。

不过，企业家的握手与政治家不同，如果把政治家握手形容为"热"的话，那么企业家握手应相对"冷"一些，其目的是避免让人产生过于讨好或"有求于人"的联想。在商界，过分热情有失分寸。握手其实也要掌握分寸，如做不好会无意识地传达错误信息。专业化的握手到底有哪些规矩呢？

1. 开场与结束

准备：四指并拢，手指尽量伸直，指尖略向下。拇指向上翘起，将你的虎口与对方的虎口交叉卡好后，上下摇动 2～3 下。不要动作不到位，就急急上手。

结束：双方如需继续交谈，先放下手，恢复原状。在松开手时，将四指伸直，使对方能感受到你要放手的意思。双方应配合，同时放手。

2. 时间长与短

初次见面标准：约 3～5 秒。长时间握手，会让对方猜疑你不能以非常商业化的方式处事。但如果经过多次联系，双方终获见面机会，可多握几下。不过，即便是久违的老朋友，时间也不要超过 30 秒。

在与多人握手时，时间长短不应厚此薄彼，1 秒和 1.5 秒的长度不同，所发出的信息也不同，让对方感受到的礼遇和态度也不同。另外，男士可长，女士不能长，切忌握住异性的手太长时间。

短，不能像碰到"电烙铁"；长，不能像抓到"救命草"。

3. 力度大与小

标准握手力度约 2 公斤。"强有力的握手"代表"意志坚强"。西方人最忌握手无力，即所谓"死鱼般"的握手。若你伸出软弱无力的手，对方也许以为你是个性情软弱、犹豫不决或不自信的人。他甚至很难判断当下你在乎谁不在乎谁，认为你对他没兴趣。

相反，用力太过，显得粗鲁无礼。不过，力度大于标准的情况也有，如生意谈成后，握手可略重些，意为经过艰难曲折，双方终于达成结果。

商务场合的做法以男女平等为原则，如女性只伸出手指尖，一点力也不用地与人握手，会让人觉得你冷漠、敷衍。

4. 单手与双手

初次见面，单手握手较为正式得体，一般不用双手。西方国家称双手握手为"政治家的握手"。其做法是：主动握手者先用右手握住对方的右手，然后再用左手握对方右手的手背。一般来说，位尊者对位卑者可碰到对方肢体相对多一些。

初次与客户见面像做"三明治"一样，双手紧夹着他人的手不放，这种做法则是在冒险。与陌生人或异性见面时用这种方式会让人觉得你有什么企图。另外，商务场合也不太适合亲吻和拥抱等开放作风，这样会显得你太过热情。

有人说，握手如同握住机会，你把握好每次机会了吗？

自己的站姿，你关注过吗

我们需要关注自己的站姿。得出这样的结论是因为作为演讲教练，我指导过的大部分学员需要调整自己的站姿。在讲台上，站姿一览无余地暴露在听众面前，它在演讲中发挥的作用至关重要。如果有人一上台就往讲台上一靠，他的站姿可能会削弱其表达力。如果在没有讲台而无法隐蔽自己的交流中，展现优美的肢体语言，可能会为你的信息表达提供助力。

有一次，我去老朋友家，进门看到一个陌生的小伙子面带微笑地站在那儿。小伙子个子不高，但站姿挺拔得就像一尊雕像。我心里猜想，他一定有过人之处。朋友介绍说，这是他刚到访的外甥，是哈佛毕业生，放弃了在华盛顿当律师的优厚待遇，两次创业，吃了不少苦头，如今已是个成功人士。站有站相，确实能在无形当中散发出一种气场，难免让人另眼相看。有些人在还没有开口说话时，人们就对他产生了好的印象，而这印象常常是由外在的肢体语言展露出来的。就像朋友的"外甥"，他身高一般、相貌平平，但仅靠站姿就能赢得周围人的好感。

我曾受华为邀请给高管上礼仪课，课后有高管问我："老师您认识澳大利亚礼仪皇后达领小姐吗？你们的气质好像。"达领小姐是谁？多年前我第一次见到她时，她已是 89 岁高龄的老人了。琼·达领 – 霍特金斯站在舞台上，亭亭玉立，讲述着自己的故事。她是奥黛丽·赫本、玛丽莲·梦露的闺蜜，是那个时代的名模，是世界多位超模和著名影星的导师，也是澳大利亚第一位女性企业家。出于敬佩和好奇，我报名参加了她的小班课。第一堂课，达领小姐讲的就是站姿，她教的站姿是她当模特后苦心研究出来的，并享有专利，被称为"达领站姿（Dally Pose）"，这是我第一次听到连站的样子都可以获得专利。

　　确实，这个站姿与众不同：一脚在前，脚尖指向正前方；另一只脚在后，脚尖指向约45°角，前脚脚跟在后脚前脚掌的内侧前；前面一条腿膝盖稍稍弯曲，遮挡后面一条腿的膝盖。正面看过去，似乎只有一条长长的腿，而不是两条腿。这种站姿让你的腿显得比实际的长。达领小姐带领我们反复练习这个动作，力求精准、优雅，然后邀大家和她合影。她站在中间，我们十几个女生站其左右，用的是清一色的达领站姿。那时我们感觉，不管我们长得怎么样，我们就是世界上最美的人。因为我们用的是最美的站姿，我们学会了如何"拗造型"。

　　中国有位年轻成功的男模，后来讲入了著名的传媒机构。他说，很多人说模特的气质好，其实他们的气质并不是与生俱来的，而是通过长时间训练出来的。有的模特个子特别高，看起来似乎是人人都羡慕的优势，而这可能是他们童年时期的阴影，因为长得太高，被同伴、同学孤立而产生自卑，甚至自我防卫或消沉，导致他们站的时候常驼着背、低着头，说话声音也很小。成为模特后才发现他们是那么有气质。其实白天鹅是由丑小鸭变成的，丑小鸭也要经历成长和磨炼才能长成天鹅。以前形体训练是针对模特的，现在只要想提升自身气质，就可以进行形体训练。从站姿做起，让我们的气质由内向外散发出来。

　　我的客户李总是个有思想、有才华的人，在业界名气很大。但只要他一站上演讲台，台下听众总觉得此刻的他与自己心目中的领导形象差距很大。仔细一看，在演讲时，李总的两只脚特别不稳定，膝盖弯曲着像踩水车那样，一只脚抬起，另一只脚放下，循环往复。再加上身子有些歪，背还有些驼，尤其接上 LED 大屏幕，这些缺陷更是被放大了，让演讲效果大打折扣。在和李总一对一的演讲课上，我把他的录像做了无声回放。不到一分钟，李总坐不住了，因为他清楚地看到自己驼着背"踩水车"的站姿。

　　觉察是解决问题的开始。我让李总做一个 3 分钟的演讲，其间两只脚不能像先前那样找不到"重心"，只要每晃动一次，我就会用笔敲一下杯子。就这样，他咬牙忍受着这种"折磨"，尽管身体会本能地"反抗"，但历经数月有意识的自我纠正，他真的完全像变了个人，不仅增加了高度，而且站姿也像仪仗队的士兵那样挺拔。李总开玩笑地说："我从幼儿园读到博士，学校从来不教这些，难怪年轻时好姑娘都瞧不上我。"

　　站姿是基本功，古今中外成功的演说家几乎都是站着演讲的。在联合国的演讲台上，不管是国家元首，还是政府要员，也都一律站着讲。这是为了表示对听众的尊重，展现演讲者的精神风貌，传递权威感、信赖感。一个良好的站姿从侧面看，应该是后脑勺、肩、臀部、后脚跟尽量在同一条直线上，但大部分人没有经过形体训练，会出现颈部前伸、驼背、胸部不挺括、塌腰挺肚、耸肩等毛病。应该如何调整呢？

1. 养成自信的站姿

双脚是身体的底盘，要稳。男士双脚分开，与臀同宽，小外开八字。女士脚后跟要并拢，双腿伸直，尽可能站直，收腹立腰，保持稳定性。女士膝盖要并拢，虽然男女只是一点点的差距，但有着本质的不同。抬头、收下巴、肩膀向后压，胸自然就挺起来了。手在不做动作时，自然下垂到大腿两边："颈部保持正直，让头部处于肩膀正中，双眼直视前方，正直的身体姿态可以传递出自信坚定。"

可以这样练习：背靠在墙上，让头、双肩、臀、腿肚、脚后跟一起贴向墙面，牢记贴墙的感觉后，再跨前一大步，但站姿始终不能走样，这是基础。在演讲中，绝大部分时间应保持这种自信的站姿，不过这种站姿很像埃及的拉姆西斯雕像，正统但显得不够放松。希腊雕塑家波利克里托斯的《持矛者》，是有史以来第一座站姿自然且放松的雕像，运动员的脚一前一后，重心放在一条腿上，希腊人认为这样的形体很理想。这种理想的站姿适合在与听众熟悉之后，演讲者适时变换一下，放松紧绷的身体，或在轻松的小范围谈话时运用，但是自信的站姿仍然是你最好的选项，让你更具权威感。

2. 站在哪儿

舞台中央是最佳位置，一般站在舞台中央前三分之一处是最具影响力的，相较而言，靠边的位置影响力相对弱些。假如你的身体遮挡了 PPT 或屏幕，可以移到边上一点，但是请记得及时回到舞台中间。TED 舞台是红色圆形的，也是演讲者站立的中心点。有 TEDx 演讲者问我，是否可以跨出圆点？我的回答是"可以的"，只要与内容相吻合的那个点出现，允许越雷池一步去呈现你的精彩。

对于你来说，究竟什么才算是好的站姿？歌剧演员在舞台上的站姿是根据角色来定位的。扮演英雄形象的男子，要求挺胸吸肚、健壮挺拔；扮演年轻妙曼的女子，则要求站姿优雅，让观众有种想拜倒在她石榴裙下的冲动。而老妪、老汉则一般驼背、屈膝、开腿外八。演员

们通过站姿就将角色形象演绎得活灵活现。而在演讲的
舞台上，你关注过自己的站姿吗？假如你愿意把自己放
到镜子面前，或许这就是你好的、或者说更好的站姿的
开始。

走路也要讲颜值

世界上走姿最漂亮、最耀眼的地方恐怕要属 T 台了，
模特们夸张的猫步不仅满足了人们的视觉需求，还让设
计师的时装卖出了天价。我们羡慕模特们在 T 台上曼妙
的身姿，惊叹礼仪小姐在颁奖典礼上端庄的仪态。在演
讲中优雅且富有韵律感的走姿，能够展现出演讲者内在
的气质与外在的潇洒，极大地增强演讲者的感染力和说
服力。金融街算是商界最具 T 台属性的地方了，无论在
英国、法国、美国，还是在加拿大，那些从高级写字楼
里走出来的女士们无不脚蹬尖跟皮鞋，节奏优雅，目不
斜视，仪态万千；男士们昂首挺胸，闲庭信步，从容大
方。他们无论外表是否平凡，都能塑造出一个良好的自
我形象，让路人不禁侧目。这些经过训练挑选出的人，
除了才智出众外，连走路甩步都在无声地展示成功人士
的魅力和风采。

1. 走姿是一种动态美

优美的走姿帮助我们塑造完美的形象，映衬出积极向上、精神焕发的状态，散发出强大的感染力与魅力。

对常人来说，走路有型也会引人注目。知名歌手费翔的妈妈长相俊美。据说当年费翔的爸爸是名摄影爱好者，他在台湾当兵时无意拍摄了一张照片，一下子被照片中的人的走路气质迷倒，随后便开始追求，最后和画中人走进了婚礼的殿堂。

我的一位企业家学员，也曾跟我分享过一次面试新人的经历。他说在那位女生踏进办公室的最初 3 秒，他就已经有了把 offer（录用通知）给她的想法。尽管那位女生相貌平平，但她走路的姿势传递出了一种自信、独特的气质，并展现出一种动态美，与那些由于紧张导致走姿僵硬、摆臂不自然、东张西望、不敢抬头的面试者形成鲜明对比。随后的面试结果也不出所料，那位走姿优雅的女生顺利通过。

2. 上台走姿要稳

对于某些公众人物，迷人的笑容、精力充沛的眼神、匀称的身材都与竞选计划、施政纲领同等重要。他们甚至连上台演讲前那几步台阶的"走秀"也要尽可能表现得体态轻盈，干练有力。对他们来说，看起来年轻、充满活力，且稳健有力的流动型造型，总能给自己加分或赚得人气。这些成熟的演讲家上台后，往往不会像被人追赶似地直奔讲台，而是先站定，把目光投向听众后，再提腰开步走到舞台中央。因为他们知道，当他走上讲台的那一刻，大家的目光已经集中到他的身上了，这时候一定要让大家看到自己的精气神。也正是因为这一段不长的时间，赢得了听众的重视，听众心里已经笃定，台上是一位重量级人物。

几乎没有人愿意让走姿毁了自己的形象，但把它看成像呼吸一样率性而为的人却不在少数。我让教练对象进行走姿练习也是出于偶然。在我辅导他们做重要演讲彩排时，发现他们上台前那有限的几步路都走得令人失望。他们的走姿不能给人充满自信、活力充沛的印象，也缺乏权威的信赖度。总之，走得不像个成功人士，而这一切当事人竟全然不知。为了不被上台亮相那几步"前奏曲"减分，他们第一次受到了严格的走路训练。原来习惯了"自由式"步伐，现在举手投足都要按"规范流程"走。他们开始冒汗了："我到底该先出哪个脚？""老天，我怎么觉得一下子不会走路了？"但当他们成功地完成了上台时的那几步，实力雄厚的印象便在一开始印在了听众的心里，无形之中为他们的演讲加了分。

3. 下台走姿要缓

当在演讲台上完成演讲的最后一句话，是不是就该长舒一口气？不！演讲结束的时候，也是与听众告别的时候。演讲者不能扭头就走，匆匆下台，这样会给人一种逃之夭夭的感觉。正确的做法是，原地缓1～2秒，向听众点头微笑、鞠躬或以手势示意的方式"宣布"这场演讲结束，然后转身，从容自若地走下舞台。直到回到座位以前，你的演讲都没有真正结束。因为就算有精彩的演讲表达、精美的着装打扮，若缺了精心设计的走姿，演讲的效果将大打折扣。

4. 演讲中的步姿要抓住关键点

要改变不良的走姿习惯，对演讲者来说，实在是个不小的挑战。因为得抓住下面几个关键点，才能提升走路的"颜值"：

（1）头正，双目向前平视，微收下颌，伸直背肌，收腹立腰，重心稍前倾。

（2）不摇晃肩膀和上半身，靠下肢的频繁运动与上体的稳定产生对比美。

（3）两脚内侧踩在一条直线上，而非两条平行线。

脚尖向正前方，拒绝"内八字"或"外八字"。巴黎女人走姿优雅的秘诀是两膝内侧轻轻相碰。

（4）脚跟先着地，重心由脚跟—脚掌—脚尖的方向"滚转"。两脚落地的距离为自己的一脚长，即前脚脚跟距后脚脚尖一只脚的长度，高个子的人，两脚落地的距离可以是一只半脚的长度。步速自然舒缓，方显成熟、自信。

（5）手臂要摆直线，肘关节略曲。手臂前后摆动在30°~40°，大拇指似触非触衣服。

当你站在演讲台上，听众不光是在听，他们也在看。仪态大方、潇洒自然的步姿，将为你演讲的整体效果加分。美国的保罗·福塞尔（Paul Fussell）在《格调》中揭秘了成功人士的走姿："中上层阶层的举止由于自控而显得一丝不苟。他们摆动手臂和选择落脚点的方式，与中下阶层的人们有非常明显的不同，后者的两只胳膊总是向外摆，而不是紧贴着身体。"

王德顺走红，是靠讲还是靠演

王德顺79岁那年因一场时装秀，红遍大江南北。前些年，王德顺在TEDx进行题为"孤独的行者"的演讲时，我恰好就在现场。在短短的 20 分钟里，台下笑声掌声不断，气氛迅速活跃起来，最后观众给予他起立鼓掌欢呼的最高礼遇。王德顺的演讲为什么会有如此轰动的效应？他究竟做对了什么？实际上除了"讲"以外，更具特色的还有他的"演"。

你身边是否有这样的人？尽管他的长相不是很出众，但在他讲话的举手投足之间，散发着独特的魅力，似乎他的每一个动作都在宣示着某种不凡。这就是肢体语言的魅力。

我与王德顺先生做了一次有关演讲肢体语言的深入探讨。他告诉我，"我的演讲一半是讲，一半是演。例如，"做追求自由的亡命徒"这个演讲，从头到尾我都是在利用肢体语言助力演讲的呈现。我演了几十年的话剧，我的演讲是占了我演话剧、哑剧的便宜。"说到兴头上，王德顺现场演示起来。在说到"当那些浓浓的爱意向你扑面而来的时候，你就觉得，噢！我是这个世界上最最幸福的人了。"这时他的双脚分开，双手在胸前做出一个大大交叉的动作，手掌慢慢贴近肩膀，扬起头、闭上双眼、头微微左右摇动……看着眼前这位 80 多岁的演讲者，恰到好处的肢体语言，他想要表达的情感是如此的真切、具体、形象，我不禁肃然起敬。

　　我被王德顺先生的"演"深深带入了。我思索着，当演讲者用出神入化的表情和肢体语言去释放出幸福或脆弱的那一刻，怎么会不吸引和感染观众？王德顺补充说，他是哑剧演员，是用形体来讲故事的。例如，他创造了世界上唯一一台造型哑剧——《活雕塑》，对这项创造性的高水准艺术形式，他至今仍归功于妻子给他的灵感。起初妻子和他说："你就和雕塑同台演出。"他说："那怎么演呐？雕塑是死的，它一动也不动，我和它怎么演啊？"在说出这句话时，王德顺摊开掌心，用力甩着双手、满脸困惑地低头踱步，心中充满了疑惑与不解。然而王德顺最终发现，肢体语言完全可以高质量地输出思想和情感。《活雕塑》，一场哑剧，一个半小时的演出，全程一句话也没有，全靠肢体语言无声地讲述故事。虽然别的演讲者不能像王德顺一样一边表演，一边讲话，但是可以从他的肢体语言中借鉴一些动作。

　　运用肢体语言，能够更好地实现丰富且生动的演讲。让我们想象一下，如果把王德顺的手脚绑起来，让他像电视新闻主播那样正襟危坐地演讲，那将会是什么样的效果？再让我们换个场景去幼儿园看看，你看幼儿园里的小朋友，都是说话摇头晃脑，动作夸张，非常活泼。这并不是老师训练出来的，而是孩子们与生俱来的。可是当我们长大成人后，有些人就不自觉地束缚住自己的手脚，不喜形于色，不手舞足蹈，变成了一个循规蹈矩、执而不化的机器人。

　　一次，我给某知名互联网企业做内部演讲辅导。有位学员分享道，自己在执行一次摄影任务时，遇到罕见的大暴雨，硕大的雨点打得他眼睛根本无法睁开，看不清要抓拍的场景和对象。他只好拿起相机，像端着机关枪一样对准前面来回"扫射"，最后他像落汤鸡似的，疲惫地离开了拍摄现场，内心充满了沮丧。让人没想到的是，那天在狂风暴雨中拍摄的照片，让他获得了大奖，还登上了杂志的封面。听了这段"传奇故事"，我建议他配以动作，对"雨大""睁不开眼""扫射"等状态加以描述。但是任凭我怎么启发，他的动作就是出不来。一筹莫展之下，我放了一段王德顺先生"做追求自由的亡命徒"中在狂风暴雨里逆风行走的演讲视频。没想到意外发生了，这个学员突然开窍了，他毫不费力地还原起那天摄影时的自然肢体语言。当他的动作和语言同步时，一下子就吸引了观众，他们表现出热切期待和极高的关注度。结果这一段呈现成了这位学员整个演讲中的一大亮点。这次课不仅对他，对其他学员也都有很大的启发。大家深切地体会到，丰富的肢体语言不仅能够为演讲加分，也能够为自己的魅力加分。他们在演讲中的肢体语言丰富起来了。经过练习和辅导，他在那次企业内部近千人的演讲会上获得了巨大的成功。

观察那些能给听众留下最深最持久印象的演讲者，他们不仅说话放松自如，肢体语言也更加自信和丰富。我在 TED 演讲视频中看到很多这样的高手，他们和王德顺一样，身手灵活，甚至体格健硕。但在这里我想举另外一个第 4 章提到过的例子：来自澳大利亚的演讲高手胡哲，一生下来就没有双臂和双腿，他怎样"演"呢？胡哲没有条件像常人那样可以自由地展示自己的四肢，可是他用那块状的身体和唯一的畸形小脚，竭尽所能地把肢体语言演绎得淋漓尽致，制造出无数次欢呼。他的励志演讲"足迹"遍布世界 35 个国家，被称为"震撼全人类的演讲"，让我们这些四肢完整的人无不汗颜。

美国著名心理学家、传播学家艾伯特·梅拉比安（Albert Mehrabian）教授等人经过大量的实验，提出了一个著名公式，即完美的演讲＝7% 的语言信息（内容）＋38% 的声音信息（语音、语调）＋ 55% 的形象信息（肢体语言）。这个公式提醒我们，是否对那"7%"的重视程度远远超过了"55%"？我们平时花很多时间准备的讲稿，是否只是在那"7%"的分数中竭尽全力？

演讲，是又"演"又"讲"。演讲者想要让自己的语言有吸引力，就应该学会借助丰富的肢体语言。如果你希望在"演"的方面有明显改善，不妨考虑：

（1）相信站在台上，适当的"动"，一定胜于绝对的"静"。身体是演讲的一部分，千万不要忽略它，而要充分利用它。

（2）"演"，首先是要自然，而自然的前提是放松，像幼儿园孩子那样自然流露出来的肢体动作，或许只是幼儿园小班的水平就足够了。

（3）从"本色"演员到"性格"演员。在自然动作的基础上，逐渐增加一点设计的成分。至于如何设计，不妨从观摩力克·胡哲、王德顺等大家们的"演"开始找感觉。

不要以为学习演讲只是听。不，还要看！

第 9 章

好节奏
赋予演讲灵魂

语速决定气场

演讲中气场强大与否，将直接影响演讲者在听众心中的权威性。语速是决定演讲者气场的重要因素之一。语速太快，显得过于浮躁、紧张，不可控；语速太慢，显得缺乏信心，不够睿智。那么，究竟要以什么样的语速来进行一场演讲呢？

我曾受学员王总之邀，去旁听他的一个开幕式演讲。作为教练，我的任务是帮他"把脉、诊断"。报告原计划讲 20 分钟，结果王总花了近 40 分钟，不仅效果不佳，还影响了后面的发言者。会后，王总要我出"诊断报告"，我先是把他做得好的地方都挑了出来。听到表扬，他喜上眉梢。接着他很有风度地说："哎，我这人高帽子被戴惯了，您还是帮忙挑挑刺儿吧。"看到他诚意满满地虚心求教，我也打开天窗说亮话："你有没有觉得你的语速太'温'了点儿？"他有些疑惑。我补充道："你在听××讲话时有什么感觉？"他想了想，突然意识到了什么，"难道我说话的速度像……"说到这里，我俩会心地一笑。

对王总来说，好像从来没有人和他提起语速慢这档小事，或许下属压根儿就不敢谏言。一直以来，他都是这么慢悠悠地说话，只要他自己愿意讲，下面总有听众频频点头。因此他习惯边想边说，说说停停，使尽慢功夫。平时开口闭口"降本增效"，但他从来不考虑开会的"时间经济学"。或许这种不受任何限制的讲话，让他非常有感觉，因为在企业里只有领导者，才有这种特权。

在企业内部形成的问题，到外边不改变就麻烦了。郑总是我的另一位客户，记得几年前他上了我的课，就觉得自己"功力大增"，次日赴京参加某企业家协会的竞选。这是个中国企业家公益组织。那是个大咖特别多的地方，如果发言没有时间限制，会议三天三夜也开不完。理事会成员每两年换届，谁想当领导者，都有机会，只是要上台演讲，票多者当选。那次竞选结束后，郑总向我喊冤。为了取胜，他在飞机上做了详尽构思，谁知到场后，才知道原来演讲时间有严格规定，并且执行起来不留情面。他慢慢悠悠地进行着志在必得的演讲，结果正题还没开始，就被撵了下去，而是让一位年轻人抢了头筹。他悔恨万分，痛下决心好好练习，准备日后的演讲。

我给国际演讲会（Toastmasters Club）讲过课，也参加过加拿大同名俱乐部的活动。俱乐部成员大多是企业家，曾从事不同职业。创业后，他们发现因为自身演讲能力是短板而造成其影响力大打折扣，于是便利用业余时间参加定期的俱乐部活动磨炼自己的口才。活动分有准备演讲和即席演讲两类，现场评判席中有个特别角色"计时官"（会员轮执）。在规定时间还剩20秒时，计时官会用铃声提示演讲者尽快结束话题。在演讲完成后，计时官还要一脸严肃地报告演讲者们是否守时，共花费了几分几秒。如果批评起来，一点儿都不客气。一般来说，新会员犯错较多，经过许多次残酷的限时折磨，大家才把控制语速当回事儿，这是因为每个人都体验过演讲者、听众、评委等不同的角色，他们深刻地了解语速在演讲中起到的关键作用。

也有说话过快的演讲者，美联储前主席本·伯南克较为典型。有位专家在看了伯南克的预演后说，"我觉得他首先应该放慢语速""他在回答问题时气息好像不够用。当气息不稳的时候声音会发颤，听起来不清晰而且紧张"。此后，每次在重大发言前，伯南克都要接受专家的指点。试想，如果面对媒体，伯南克语速飞快、声音发颤，谁还会相信美国真的资金雄厚呢？美国演讲咨询公司（Skill Studio）总经理利兹·班克斯（Liz Banks）说："我们关注的主要是语速和清晰度这两个方面。奇怪的是，很多人通常从未想过要放慢语速，他们讲话时没有停顿，所以你听他们演讲时，没有时间去理解他们讲的内容。"

这一说法印证了戴维·迈尔斯（David Myers）在《社会心理学》中的研究，研究证明语速快看似更有可信度，但并不一定更有说服力。例如，说得太快，听的人就会跟不上，理解不了，自然也就无法被说服。早在20世纪70年代初，心理学家在研究语速对说服力的影响时就发现，在语速为195字/分钟时，比语速102字/分钟说服力更强。当时，这一观点似乎成了定论。到了20世纪90年代更为细致的研究表明（Smith & Schiffer，1991），面对持赞同意见者，放慢语速的说服效果更好。如果信息流太快，听众没有时间权衡并巩固原有观点。放慢语速能给听者留出思考的时间并更坚信已持的观点。

同理，面对反对者，语速慢，听众就又暇想出反对理由，也不易被说服。所以，面对兴致不高的听众，不妨加快语速。

语速有无标准？常人说话语速为 160～180 字 / 分钟。前面提到的郑总，我是这么让他"觉悟"的：我请他的秘书把郑总的演讲录像拿来，算算共讲了几分钟，再数数稿子上共有多少字。当秘书将计算结果告诉郑总时，他忍不住大笑起来。原来他的语速只有每分钟 60 个字，而这种语速大多用在追悼会上。量化的结果让他很吃惊。为了说服郑总，我还搬出了美国前总统林肯。林肯是个著名的演讲家，他经常很快地讲出许多字，到了要强调重点字句时，就会专门拉长或提高音调，然后以迅雷不及掩耳之势一口气把这句话讲完。有时候，重要的一两个字所占的时间，比六七个次要的字还要长。再看看商界名人乔布斯站在舞台上，他的语速节奏富于变化，他的气场像旋涡一样有力，处处透露出权威、信心和能量。听到这里，郑总不无感慨地说："伟大的内容如果表述不当也会沦为平庸。"

得到 App 的创始人罗振宇，每年都会举办一次跨年演讲——"时间的朋友"。得到的跨年演讲有一个传统，就是罗振宇与所有听众一起倒计时 10 秒，迎接新年。所以，这就意味着每一年罗振宇的演讲都要很自然地结束在 23:59:50，不能多，也不能少。这究竟是怎么做到的？除了罗振宇个人经历大量的练习和彩排，还需要导演、导播、灯光、音响等的配合，各个岗位的工作人员提前看稿和对稿，实现所有人同频调整，做好跨年倒计时的配合。为了打造出这 10 秒的仪式感，最最重要的其实是罗振宇演讲语速的自然，顺其自然地停在 23:59:50，这种仪式感才会油然而生。所以，如果超时了，罗振宇的做法不是刻意加快语速，而是砍掉一部分演讲内容，以确保演讲的节奏与语速的自然。

　　语速的变化会直接影响听众的选择。语速不能太快，过快的语速让听众难以理解，也容易让人产生怀疑；语速不能太慢，过慢的语速会让听众丧失耐心，也无法带动听众的情绪；语速也不能太"平"，没有起伏变化的语速，会让听众昏昏欲睡、毫无乐趣与惊喜。语速的变化是为了保持演讲的趣味性，在讲重要观点或解释复杂概念时，应放慢语速；在讲大家熟悉的内容或表述一连串的数字、地名等时，则需要提速，以调动听众的兴趣；任何刻意突然改变语速的做法，都可能帮倒忙。自然、顺畅、快慢得体、缓急适度的语速，才能有效地传情达意，让听众听着舒服。

我的几点建议：

语速是一定要有变化的。像机关枪扫个不停，或像老牛拖破车式一成不变的演讲语速同样具有催眠作用，会让现场的听众觉得枯燥乏味。最简单的方法就是设定演讲的速度，以极强的节奏感制造语言的感染力。

（1）区分听众

通常来说，和老人讲，语速要慢些；和年轻人讲，语速要快些；和想打瞌睡的人讲，尽量使用语速来"叫醒"他们。但说话清晰，让听众理解内容是前提。

（2）自我检测

语速可分为三档：慢速每分钟110个词左右，中速每分钟120～160个词，快速每分钟170～200个词。在与别人通电话或会议发言时，可用录音设备录下自己的声音，之后回放，站在听众的角度，客观地听一听自己说话的节奏。

（3）请人评判

可以请朋友、专家提醒，甚至在演讲中途向听众请教，让他们告诉你，你的语速太快还是太慢？我看到有的做直播的演讲者，在刚开播时经常会这样问听众，随之及时调整语速，以适应听众。

杜绝口头禅，让演讲艳惊四座

许多人在表达时完全意识不到自己的话语中夹杂着一些毫无用处的语言，这些语言是一种冗余，也是一种累赘。它往往非常顽固，以口头禅的形式存在。

我的一位客户，随着公司业务发展，作为公司的高管的他"出镜"率越来越高，演讲时备感压力。在我看了他寄来的演讲录像后，发现这位高管的问题确实不少，其中最明显的就是"这个""那个"的口头禅。我数了数，在 3 分钟的演讲里竟出现 20 多个。更严重的是，在一句话里，"这个、这个、这个……"他会一连说上五六个。现场听众的反应就像孙悟空听到唐僧念紧箍咒——头痛。我还把这位高管过去的演讲录像也拿来对比，发现在演讲过程中，他的口头禅习惯成自然，朝着"自动化"的方向演变，越说越多。

其实口头禅并非高管的专利，在当今职场中也不少见。一次，我给一批中层管理者上课，有位学员这样介绍自己：

"我，那个，在某某公司上班，那个，我，嗯，负责技术，手下有这个，百十来号人，对。我的工作是，那个，业务战略规划发展，对，嗯，对……"

　　一位公司的高级主管，说起话来支支吾吾，大大削弱了说话的可信度。这样的演讲，还没开始就已经失败了。

　　不可否认，大多数人有口头禅，就像人们有习惯性动作。但是口头禅的反复出现，会破坏语言的结构，造成表达不通畅，给人一种割裂感。一次，我与当时已经90岁高龄的达领小姐一起吃饭，酒店大堂经理慕名而来，送上酒店自产的美酒以示盛情，还热情地用英文与我们交谈。在闲聊时，他每句话里都少不了"you know"（你知道）。餐后，他非常诚恳地希望我们给他开点"小灶"。看在他如此真诚的份上，我问道："你的英文是在美国学的？"他说，他连国都没出过，说罢脸上便流露出满满的成就感。我说："你的英文很好，可是你为什么那么喜欢用'you know'呢？"他说："喔，您听出来了？"我点点头："在美国到处能听到，如肯尼迪的女儿在接受《纽约时报》采访时，曾一连说了142个'you know'。不过现在美国人正在努力纠正这一说话习惯，尤其是高端职业人士。"他很惊讶："真的吗？我还以为这样说更有异国风味呢。"我故作郑重地回答道："你这是舍长取短。"说罢，我们都笑了。

　　使用口头禅，常常是因为说话时产生了停顿，而我们又无法接受这一刹那的沉默，就想发出声音去填补。

有人观察，世界各地的人都在用自己的方式填补语言中
的停顿。英国人说"噢"的多，犹太人说"呃"的多，
土耳其人说"嗯"，日本人说"咳""咦"，西班牙人说
"呀"，荷兰人和德国人说"啊、呃、嗯"，瑞典人说"嗯、
啊、呃、哦"。就连美国前总统奥巴马在发表演讲时总是
离不开他那句口头禅"Let me be clear"（我要说明）。他
在发表诺贝尔奖获奖感言时说："我要说明，我不认为这
个奖项是对我个人成就的认可，而是对美国为实现各国
人民愿望所发挥的领导作用的一种肯定。"他作为师长向
学生传授学习方法时说："我要说明：成功应该通过成绩
来衡量，而数据则是决定成绩的强有力的工具。"他在意
大利谈及美国过去在气候问题上的领导不力时说："我要
说明，那些日子已经过去了。"

　　口头禅是演讲中多余的声音，去掉口头禅这件事已
经被很多人意识到。非营利性教育机构：国际演讲会专
门帮助人"修理"口头禅，而且 90 多年来一直坚持这
么做。它对参与俱乐部活动的成员要求非常严格。国际
演讲会每次活动开始时，都要宣布当日的三名官员：时
间官（控制演讲时间）、语法官（记录语法措辞问题）、"哼
哈"官（统计口头禅次数），官员由听众轮流"执政"，每
一次的工作任务都是找演讲者的不足之处，并当众反馈

给演讲者，以提升其公众演讲能力及领导力。

一次，我应邀去那儿演讲，没想到我的 20 分钟的讲话也没能逃出"哼哈"官的法眼。"戴老师在刚才的演讲环节，有两次使用哼哈词，'嗯'和'那么'。"百闻不如一见，确实严格，连嘉宾都不放过。一般来说，新人容易犯错，如果有了 3～4 次的磨砺，再加上用心，口头禅的问题会有明显改善。因此，大部分人在该组织里待久了，说话时的口头禅就少了。

"哼哈"官的工作只是记录演讲者的口头禅和使用次数，初看似乎有些琐碎和枯燥，但是优秀的"哼哈"官能把这件看起来简单的事变得生动。我看到有位"哼哈"官这样说："张三在 1 分钟内有 10 次'这个、那个'，李四、王五说了 5 个以上，要小心了。"为了把报告变得有趣，他还配上夸张的手势或俏皮的表情提醒大家。这或许算是婉约派，也有豪放派。一次，我去加拿大的国际演讲会参加活动，当台上演讲者出现口头禅时，听众立马用双手急速拍击大腿，嘴里同时发出"喔"的起哄声，作为听众的我差点儿被吓着。除了有"哼哈"官的监督，这种集体给演讲者提醒的形式，让参与者觉得很受用。一些企业家、公司高管下了班赶来这里练习演讲，就是要寻找这种在公司享受不到的"待遇"。

　　TED 演讲指导专家一再告诫演讲者，绝对不要使用口头禅。我在 2000 多个演讲视频中确实很难发现演讲者有明显的口头禅，有限的 18 分钟也根本不允许你在演讲中发送类似的干扰信息。因为口头禅就像白米饭中的沙粒，影响咀嚼和口感。

　　什么情况下容易冒出口头禅？一是习惯使然；二是准备不足，在思路不连贯、语言不流畅的时候，口头禅就会大量出现；三是在紧张时，口头禅最多。

　　一次，我为《财富》MPW（Most Powerful Women，最有影响力的女人）女性峰会做主持，我把原计划第三位发言者提前报成第二位了。我突然"咯噔"了一下，意识到了自己的失误。就在那一刻，我嘴里不由自主地嘟哝着"这个""那个"，而这在平日里是很少发生的，这是思维出现障碍时用口头禅来填空，目的是引出后面的话。最关键的是，在这种时候，清楚和自信的表达往往是最重要的，越是在高端的场合、越是高端人才，就越不应该犯这种低级错误。

　　怎样减少口头禅？不妨试试以下几种方法：

（1）短暂停顿

　　当你想说"呃""对""反正""老实说""当然啦"或者一些宣泄情绪的口头禅的时候，要忍住，要用无声的短暂的停顿取而代之。例如，停顿的时候喜欢说"嗯"，可以在心里默念或通过刻意换气来减少。大多数人有口头禅，只是因为他们不适应空白和停顿。最开始的时候，讲到一半突然停下来会很尴尬，但这比不停地说"这个""嗯"听起来要好得多。最终，这种莫名停顿的时间会越来越短，"这个""嗯"也会更少。当然，停顿并不是坏事，停顿不仅给听众留下了理解演讲内容的时间，还给演讲者提供了构思或做调整的时机，同时还能展现自我控制的优雅。

（2）自我随访

你可回放发给别人的微信留言，听听自己的讲话录音，或观看自己的演讲录像。这样，就可以发现自己讲话中语句芜杂的现象并引起警觉。我给我的客户们布置了一项作业，每半个月给我发一次2分钟的微信留言，并且我要求他们"慢条斯理"地说。据说，此招把他们整得满头大汗。在一段时间内，尽量讲得慢些，养成从容不迫地思维和说话的习惯，一句句想，一句句说，待克服口头禅后，再根据不同的表达需要，适当加快语速。事实证明，这招效果不错。不过口头禅不是说没有就没有的，我们有时刚戒掉"这个"，又出现了"那个"，要多注意。

（3）标签贴士

在你的计算机或电脑上贴几个"嗯"和"啊"之类的小标签，以提醒注意听自己说的话，这也是戒掉口头禅不错的方法。如果自己还没有觉察到，又想了解是否有这个问题，最快的办法就是找一个可信赖的朋友或演讲教练在你不注意的时候录下你说的话，提示你规避这一问题。

口头禅会削弱演讲的效果，影响演讲的流畅性和节奏，搅乱听众的情绪，所以要杜绝口头禅，让你的演讲惊艳四座。

你会讲，但会停吗

一个人会不会演讲，还要看会不会停。在我的印象中，我给出客户最多的"黄牌警告"就是停顿不够。为什么停不下来？有个客户和我开玩笑："说老实话，很久以来我一直不习惯停顿，也不敢停顿，就像老板这个角色，哪怕是一小会儿的停顿，感觉就像100年那样长。"

就是这位企业家要在一次重要会议上登场，这对他来说至关重要。但他只给自己留出有限的时间，会议几个小时后就要开始了，而他还在对着稿子念得滔滔不绝。

我不得不多次喊停，特别提醒他要注意停顿，越是情急，越要从容，不然就会大大减弱演讲的效果。

记得几年前，我接到一个亲戚不幸去世的消息，立刻赶去送别。追悼会定在第二天早上，可是家属因过度悲伤，悼词还没有写。他的子女们希望我帮他们起草悼词。深夜，回想起小时候这位亲戚对我们的好，我饱含热泪，花了很大气力完成了稿子。在我的想象中，参加追悼会的来宾听了家属的发言，会悲哀哭泣，或者会像西方人一样因悼词的幽默而释怀。可是什么都没有发生，除了一片寂静肃穆。原来，他的孩子将7分钟的演讲稿，在2分钟内头也不抬地一口气读完了。可能是站在大家面前压力很大，他讲话越来越急促，中间连一点喘息和停顿都没有，甚至连我都无法听清楚他在说什么。

我曾给一批年轻的管理者上演讲课，讲到"停顿"时，我用了一个小技巧让他们学习如何掌握"停顿"：我让学员们在每页纸上只写一句话，然后读一句，翻一页纸。这个方法很管用，使他们不得不在句和句之间停下来。在有了充分的体验之后，我和他们进一步讨论"停下来"的本质：如果你不断地说话，听众的耳朵和大脑都无法得到短暂的休息。如果你在讲一些有趣的事情，或者想证明你的某些观点，听众就更需要一些时间来消

化你所讲的内容。因此，你得说一句话，停顿一下，给
听众留出时间理解，听众也可以利用这个时间回味一下
你的上一句话——这就是停顿的重要作用。

　　刚开始用停顿，可能会让不少人不知所措。真正自
信的演讲者会在停顿时泰然自若，他会充分利用和挖掘
停顿的内涵，并用转换身姿、走动等方式将演讲内容进
行划分，让表达具有层次感，便于听众跟进。如果观看
一些戏剧大师的表演，你会发现，他们并非嘴巴一直在
动，他们经常有安静的时候，用表情、眼神、手势、动
作，甚至一个特写，留给听众充分思考或情感宣泄的时
间。例如，《哈姆雷特》中哈姆雷特的大段独白，停顿让
情绪更有感染力，让听众更沉浸其中。有些演说家汲取
了戏剧表演的各种技巧，在讲演中加入表演技术，同时融
进自己的个性、才华与机智，让演讲更具张力和表现力。

　　乔布斯是商界的戏剧表演家，也是驾驭"停顿"的
高手。回放 2008 年 1 月他在 Macworld 大会的演讲镜
头：乔布斯在阐述到一个紧要关头前，他时常会沉默几
秒。"今天，我们将向大家推出第三类笔记本电脑。"他
停顿几秒，接着说："它就是所谓的 MacBook Air 系列。"
然后又是戏剧性地留白片刻，"它是世界上最薄的笔记本
电脑"。台下为之欢呼，报以经久不息的掌声。他用最响

亮的无声台词满足了观众内心的期待，他把控了最热烈、最紧张的刹那。他留给自己足够的时间去自由准确地诠释信息和思考。乔布斯的演讲的霸气，显然是用停顿卖足了关子。

要想使别人佩服你讲话的老练和娴熟，不妨使用"停顿"这个有用的工具，以下三点可参考：

1. 停顿的记号

像《国王的演讲》中乔治六世那样，在讲稿上用斜线做大量停顿的记号，"强迫"自己停歇。乔治天生口吃，在演讲时，他不断运用正确的停顿，便能开始自然地呼吸，内心也会随之平静下来。"/"表示极短暂的停顿，约1秒左右；"//"表示一般停顿，长度约1~2秒；"///"表示较长的停顿，长度约3秒左右；"////"表示4秒以上特别长的停顿。

据说乔治六世的演讲稿上记载着大量的停顿记号，这也是国际上标准的用法。这些珍贵的手稿被收藏于大英博物馆。英国国王乔治六世深知要想成为出色的领袖，就要像领袖那样演讲。他每天练习演讲，其中包括努力掌握"停顿"的方法。

我的一位客户，每次演讲手里总是攥着演讲稿，他也不把稿子揣进口袋里，尽管他并不时时地去看。我问他为什么，他说他离不开那画满停顿符号的稿子，手里拿着它，好像那些需要"停顿"的画面就会在脑子里出现，让他有安全感。

2. 停顿的规律和长短

当提出一个问题、重点或讲到一个新概念时，最好适度停顿。在意群和意群、段落和段落之间也需要有停顿。我有一次讲课，因为准备了很多内容，并打算在一定的时间内讲完它，后来连段落与段落之间的停顿都不舍得用，结果效果大打折扣，因为大家跟不上我讲话的节奏。所以再想节省时间，也不能在转换语言、承上启下或概括总结处省停顿。

一般来说，信息含量越大，越是重要、深奥、难懂及感情成分等多的内容，停顿的时间就越长，反之就越短。例如，"一切 / 美妙得难以置信，/ 可是它 // 就在眼前"（对自然的赞美，对情感的表达）。再如，柳传志在企业家大会上应邀把在儿子婚礼上的家长致辞再现了一次，他饱含深情地说："我的儿子 / 柳林 /// 终于 // 结婚了！"（在"终于"和"结婚"前浓墨重彩地运用停顿，一切尽在不言中，引发了台下一片笑声）。如果停顿的时间过短，听众也许没反应过来，等于没有停顿；停顿时间过长，结果也会适得其反，还可能被猜疑在等着大家鼓掌。静默的时间一般不超过 10 秒，即使有特殊需要，也以不超出 1 分钟为宜。

当你熟悉和掌握了这种技巧，慢慢地就会在合适的地方做停顿了。久而久之，你就能得心应手地在该停顿的地方停顿了。日本科学家发现，之所以有这样无意识的短暂停顿，是因为大脑的神经细胞能够像沙漏一样计算时间。

3. 停顿的频次和节点

停顿并不是把语言分割成一小块一小块，不是平均"撒盐"。演讲的停顿是滔滔不绝的讲话中的无声中断，它要让所说出的词句打破平淡、增添"趣味"。停顿的频次因内容而异。克林顿很懂得善用停顿的技巧吸引听众的注意力。例如，"请大家听我说，// 没有任何一位总统 / 包括我，/ 包括在我之前的任何一位前任总统，/// 没有人可以完全解决所有的问题……"短短的一段话，克林顿便停顿了四次。

有位学者建议："如果听众的注意力集中，最好在演讲到3/4部分延长停顿时间，因为此时的干扰最大，人们会忘记你阐述的部分内容。"如果演讲者因担心"完不成任务"而开快车，此时干扰的破坏作用尤为明显。

停顿是一种不用说话的艺术，这种戛然而止的寂静和突如其来的嘈杂有着相同的效果。不会适度的停顿，就无法真正了解说话的艺术。

沉默不是零

我听过这样一个演讲：

"有这么一个家庭，6岁的女孩因为车祸而脑死亡，征得还在监狱的父亲的同意之后，决定捐献器官。在捐献完成的那个深夜，孩子的妈妈孤零零地站在手术室门外的走廊，不停地抽泣，痛失爱女，丈夫也不在身边，这一幕不禁让人动容。当时在走廊另一头的我，刷地流出了眼泪，我情不自禁地走过去抱住这位母亲，才发现她浑身冰冷，不停地颤抖。我能跟她说的只能是，她的孩子救了5个人，温暖了5个家庭。那一刻，她如释重负地放声大哭，悲伤充斥着整个走廊。"

讲到这里，演讲者停了下来，近20秒不说一句话，整个会场的空气近乎凝固，而听众有着同样悲伤的情绪，有些听众已经是满眼泪花。演讲者的这段沉默，给了听众体会、沉淀情绪的空间，为下一段的演讲打下了扎实的情绪基础。

1. 开场沉默，制造悬念

当然沉默不只是用在演讲过程中，在上台的时候就有一个秘诀。在你上台后不要急于演讲，有时至少可以沉默四五秒后再开口，这是演讲者需要具备的定力。

翻开历史，大人物在演讲中也常用此招。拿破仑每次发表重要战前动员时，都会刻意地静默四五十秒，甚至有人这样形容：在士兵眼中，每当他沉默一秒，他就会长高一分，获得士兵多一分的关注。

2. 中场沉默，唤醒听众

1858 年，林肯与道格拉斯角逐参议员时，对是否要废除奴隶制进行了激烈的辩论，辩论一度进入胶着状。在最后一场辩论中，林肯讲到一半，突然停下来，默默地站了整整一分钟。他身体前倾，眼睛直接望着面前的听众，以他那独特的声音说道：

"朋友们，不管是道格拉斯法官或我自己被选入美国参议院，都是无关紧要的，一点关系也没有；但是我们今天向你提出的这个重大问题才是最重要的，远胜过任何个人的利益和任何人的政治前途。朋友们，"说到这里，林肯又停了下来，又足足10秒的沉默。听众屏住了呼吸，唯恐错过一个字。

"即使道格拉斯法官和我自己的那根可怜、脆弱、无用的舌头已经安息在坟墓中时，这个问题仍将继续存在、呼吸和燃烧……"林肯很会利用"静谧"凸显讲话重点、传递情感和力量，凭借瞬间的沉默与听众沟通心意，使辩论以全胜收官。有位替他写传记的作者指出："这些简单的话，以及他当时的演说态度，深深打动了每个人的内心。"

在演讲中途，人们的注意力往往会逐渐下降，演讲者如果像拧开的水龙头，任凭话语流个不停，听众的注意力反而无法集中。突如其来的沉默，会让人们的心再次悬起来。他们可能会放下手机，重新竖起耳朵。演讲中途的沉默就像天上淅淅沥沥下着小雨，突然一道闪电——"于无声处听惊雷"。

3. 结尾沉默，强化号召

要想驾驭"沉默"并不容易。我在辅导客户做这一练习时，发现平时说话滔滔不绝的企业家，要是让他们在开场时忍住，中途突然刹车，或结尾前戛然而止，就好像汽车被卸掉了重要零部件，难以启动了。

例如，我的一位客户是个业余赛艇爱好者，他的演讲结尾部分是这样的：

> "刚开始，我只想在国外接触一下赛艇，回国后只想做个好队员，划好每次比赛；再后来就想组织个队伍打败国内的某某队，现在我想不断地壮大队伍，有一天能够带着兄弟们在国际上和世界一流的队伍一争高下……"（沉默）"企业家朋友们，加入我们的赛艇组织吧……"

在"企业家朋友们"前"留白"以强化结尾效果，这样的设计很好，但他本人在使用时非常不习惯、不适应。在练习时花了很多精力，他最多也只能停6秒，停的时候还抓耳挠腮，眼神慌乱，显得很不自信。我和他一起重看乔布斯的经典演讲片段，让他学一学。最后他在演讲时停够了10秒，才达到了预想的效果，凸显了演讲者对听众发出的号召。

4. 沉默，出自精心设计

演讲高手在舞台上总是显得不徐不疾，淡定无比，其实他们的演讲都是精心策划过的。例如，他们常常会在高潮前运用"休止符号",卖足关子。他们的表情、手势、体态与静止的气氛可谓浑然一体:双目凝视、低头沉思、双手张开、移动站位等。这些响亮的无声台词满足了观众内心的期待。这种刻意的停顿,就像强大但难以操控的武器,用得好就会和优美的语言一样产生同样的表现力,所展示的沉着的台风将赢得听众的加分。

一个初学演讲的演讲者往往不敢在演讲中运用沉默,他们担心听众误以为自己忘了台词,或怕有人会打断他们的发言。其实任何人都可以试一试:你假定暂停时间为10秒,刚开始停2~3秒的时候,听众可能以为你卡壳了;5秒钟过去了,他们开始感觉到这个暂停或许是有意为之的;10秒钟过去了,听众会不由自主地投入更多的关注。当你再次开口时,他们豁然大悟,原来这一切都是你精心设计的。使用"沉默"这个有用的工具,它不仅可以让你做到更沉着,还能使你增加威严感。

沉默是演讲中精巧的留白,它可以出现在开场、中间或结尾;它也可以在关键词、关键句、核心观点前把文字"关住",把时间封存起来。这个时候的演讲者就像一个指挥家,两手相对,由里向外绕一个圈,用大拇指与食指相捏并且有力地一顿,在收煞点上把音煞住,把静谧交给听众。音乐中除了哆、来、咪、发、唆、拉、西这 7 个音符，在还有一个特别"音符"就是休止符"0"。说它是音符，因为它占了相应的时值，但它唱不出来也演奏不出来，又非真正意义上的音符。但是休止符不等于没有意义，它以短暂的停顿或静止，给人留下思考的时间和回味的余地，让音乐产生更完美的和谐，甚至更强烈的效果。没有一点声音，没有任何喝彩，只有那震耳欲聋的寂静。

大指挥家阿尔图罗·托斯卡尼尼（Arturo Toscanini）是个非常幽默的人。一天，他和几个朋友到一家饭店吃饭，没想到饭店里人很多，声音很嘈杂，再加上有支乐队正在演奏，声音非常刺耳。托斯卡尼尼看到这种乱糟糟的环境，他把服务员叫到身边问："我可以点支曲子吗？"服务员忙说："当然可以，先生，不过您得付点歌费。"托斯卡尼尼把钱递过去说："请他们演奏休止符吧！"休止符即"停止"的意思，托斯卡尼尼实在不希望他们吵下去了。当演讲者面对不想安静下来的听众，最好的办法就是使用"休止符"。

《谈话的艺术》的作者、心理学教授格雷迪·古德罗（Grady Goudreau）说："沉默可以调节说话和听讲的节奏。沉默在谈话中的作用相当于零在数学中的作用。尽管是'零'，却很关键。没有沉默，一切交流都无法进行。"

沉默有着极强的吸引力，但往往只被有勇有谋的演讲者所用。

结尾，让余音绕梁

一段发言、一次分享、一场演讲，如果开头和中间很精彩，而收尾一塌糊涂，实在令人遗憾。俗话说：编筐编篓，重在收口。对演讲来说，结尾收得好，则画龙点睛；结尾收不好，就很可能前功尽弃。我们或许有这样的体验：演讲者走下演讲台后，他所说的最后几句话还会在我们的脑海里久久徘徊。演讲最后的部分就是"大结局"，是留给听众对这场演讲持久印象的最后机会。你的最后一句话很可能是听众记住的第一句话，如果因为临近结尾而不重视它，那么将酿成悲剧。以下是两种糟糕的大结局。

1. 有善始，无善终

我有过一次深刻的教训。我受邀参加一场重要的圆桌会议。轮到我发言时，我先是娓娓道来，后来突然意识到每个发言人的讲话时间是有规定的，心想把余下的话放在第二轮发言时接着讲，于是我踩了个"急刹车"，直接把话筒交到了旁边人的手上。当我再次望向台下的听众，发现他们神情不对，那种感觉就像他们正在陶醉地看一部不错的电影，却在毫无预兆的情况下，屏幕一黑，然后出现演职人员表。不巧，因为其他发言者超时，原计划每人两次发言的设计，调整为一次了，所以我的"第二轮发言计划"就这样被不确定因素给废了，我没有机会展示我精彩的大结局了。我常常为那次糟糕的发言感到遗憾。那次经历给我的教训是，即使是一段普通的会议发言，也应该有个圆满的收尾，就像一幕剧演完了，舞台的幕布是要正式地拉下的。

现实中像我这样的发言者不在少数，当听众还沉浸在演讲内容之中，想继续听下去的时候，突然一句"谢谢""就这样吧""嗯，时间到了""你们还有什么问题吗？"匆匆地结束演讲，留给听众的是唐突与沮丧。就好像游客满怀欢喜地登上了游轮，还没到达目的地，船便半途抛锚了。听众为此会不由自主地产生疑问："就这样结束了？"这种毫无仪式感的结尾，它不仅暴露了演讲者没控制好时间，也反映出演讲者没提前设计好结构框架。即使前面的演讲内容很精彩，整体呈现也会因此大大减分。

一个好的演讲结尾，我们应当如何设计呢？我们可以提供一个清晰的路标来表明演讲即将结束。例如，"限于时间，请允许我总结一下我的观点"，简要地把主旨小结一下。还可以以"安民告示"的方式告诉听众你已经准备好结束演讲了，例如"我将以……结束我的演讲……""总而言之"，等等。这样说，不仅是礼貌的，也让听众做好了准备，同时提升了他们的注意力，加深对结尾的记忆。需要特别提醒的是，"总而言之""概括地说"等语句，要避免在演讲过程中随意使用，除非你的演讲真的要结束了。

2. 有铺垫，无呼应

未了结的结尾、虎头蛇尾、拖泥带水、画蛇添足等都属于有铺垫，无呼应这一类。我听过一位演讲者的发言，他声情并茂地介绍了 10 位专家的观点，在将第十位专家的观点介绍完成的那一刻，演讲突然戛然而止。台下的听众不明所以，于是疑惑地开始交头接耳：为什么要介绍这 10 位专家的观点，演讲者的个人观点到底是什么？这类演讲在收尾时没有任何结论性的语言，但是演讲者确实已经发表完自己的演讲了。演讲结束了，却让听众听了一个不明不白。

俄国著名短篇小说家安东·契诃夫建议其他作家这

样去叙事，即在第一章中，如果提及墙上挂着一支步枪，那么在第二章或第三章中，它应该走火或有声响。如果它不会被使用，那么它就不应该被挂在那里，这被称作"契诃夫法则"，也叫"契诃夫之枪"。如果这一段叙事被拍成电影，开头给墙上的古董枪一个特写镜头，到影片结束的时候，它就应该发挥作用。例如，在影片的最后，主人公命悬一线之际用这把枪把对手干掉。反之，如果这把枪从头到尾都没有发挥作用，那么它就不应该出现在镜头里。

　　从演讲角度来说，这就是所谓的"绑定原则"。如果你在开头引用了别人的一个观点、表达了自己的一个主张、展示了一个道具、使用了一张照片或是列举了一串数据，不管是什么类型的"枪"，记住一定要在结尾时"开火"，别只是把它挂在那里作为摆设。在演讲的结尾，我们可以回顾开头陈述的意义、提示某种现象或说明解决了某个难题。这种方法将开头和结尾无缝地连接起来，从而呈现一个非常专业的结尾。就像好评如潮的电影——《肖申克的救赎》，银行家安迪被人陷害入狱，在他的单人牢房里，镜头扫过的一把锤子、一张性感女明星的海报，看似是随意晃过的镜头，而在最后答案揭晓时，这些都是让观众恍然大悟的铺垫：安迪就是用锤子从自己的牢房凿出了一条隧道，并一直用这张海报来遮蔽洞口。在演讲中，我们也可以这样设置，通过呼应开头预埋一颗"雷"，"引爆"一个令人满意的结尾。

心理学家丹尼尔·卡尼曼在 2002 年获得了诺贝尔经济学奖，他经过深入研究发现，人的大脑在经历过某个事件之后，能记住的只有"峰"和"终"时的体验，他称之为"峰终定律"（Peak-End Rule）。"峰终定律"在经济学上有着广泛的应用，各个机构在对人们进行体验设计时，会重点关注人们在峰值和终值时的体验。例如，在一间餐厅用餐，未必每一道菜都很精美可口，而且上菜时间较长，这些是让人不满意的地方。但如果其中有一道特别美味的佳肴或用餐时餐厅提供了歌唱表演，这种感受突出的体验便是"峰值"；用餐完毕后店家赠送一道精致的甜点，并附赠礼券，这种在结尾的良好体验便是"终值"。同样，对演讲者来说，需要让听众在整个演讲过程中至少记得一个关键点，即一个峰值，然后在结尾时，也要精心设计，留给他们一个打动人心的定格瞬间。就像我带着跟我学习演讲的学员们，去观赏一场精彩的烟花表演，让他们不仅体验到了夜空绚丽多彩，还见证了有效演讲的重要原则之一：以缤纷的姿态结束。

所以，去精心准备那几句重要的结尾吧，如同你精彩的开头一样。

参考文献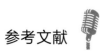

[1] 多诺万 . TED 演讲的秘密 [M]. 冯颙，安超，译 . 北京：中国人民大学出版社，2014.

[2] 博克顿 . 演讲之禅 [M]. 朱敏，包艳丽，刘珍，等译 . 北京：机械工业出版社，2010.

[3] 肖 . 学会演讲：让演讲轻而易举的 60 个秘诀 [M]. 王小皓，译 . 北京：人民邮电出版社，2020.

[4] 加洛 . 像 TED 一样演讲：打造世界顶级演讲的 9 个秘诀 [M]. 宋瑞琴，刘迎，译 . 北京：中信出版社，2015.

[5] 汉弗莱 . 即兴演讲：掌控人生关键时刻 [M]. 垌清，王和平，译 . 北京：人民邮电出版社，2018.

[6] 迈尔斯，尼克斯 . 高效演讲：斯坦福最受欢迎的沟通课 [M]. 马林梅，译 . 长春：吉林出版集团有限责任公司，2013.

[7] 福塞尔 . 格调：社会等级与生活品味 [M]. 梁丽真，乐涛，石涛，译 . 北京：世界图书出版公司，2011.

[8] 加洛 . 乔布斯的魔力演讲 [M]. 徐臻真，译 . 北京：中信出版社，2010.

[9] 魏斯曼 . 魏斯曼演讲圣经 3：臻于完美的演讲 [M]. 黄杨勋，译 . 北京：中国人民大学出版社，2012.

[10] 魏斯曼 . 演讲的艺术：演说大师教你如何打动听众 [M]. 刘晓阳，译 . 北京：人民邮电出版社，2012.

[11] 张笑恒 . 俞敏洪的说话之道 [M]. 北京：中国商业出版社，2014.

[12] 曲渊，戴晓雪 . 八十年代演讲词集锦百例 [M]. 长春：东北师范大学出版社，1987.

[13]　DETZ J. It's not what you say, it's how you say it[M]. New York: St. Martin's Press, 2002.

[14]　CARTER J. The message of you: turn your life story into a money-making speaking career[M]. New York: St. Martins Press, 2013.

[15]　BART E. Leading through language: choosing words that influence and inspire[M]. Hoboken: John Wiley & Sons, 2016.

[16]　ROB G, GARETH J. Why should anyone be led by you: what it takes to be an authentic leader[M]. Boston: Harvard Business Review Press, 2019.

[17]　JOSEPH M. Brief: make a bigger impact by saying less[M]. Hoboken: John Wiley & Sons, 2014.

后　记

　　很多人认识我，是因为我为《财富》杂志（中文版）写了 10 年"讲礼"专栏，所以在大家的印象里，我很可能是某个领域的"知识输出者"。其实在过去的数十年里，我致力于公共演讲和商务礼仪。我大部分的时间是在为企业总裁和高管做演讲教练，为企业和商学院讲授演讲课。而这些在我看来，都是为了一件事——让表达成为影响力。

　　演讲既靠演，又靠讲。当我们真正掌握了演讲的精髓，不开口时，身体就是影响力；开口时，语言就是影响力。演讲是有生命力的，它是一项技能、一种认知，也是一场修行、一份事业。通过演讲，我们能够让某些复杂的事情被拆解得一目了然，能够让某些看似惊天动地的热点露出本质，能够让思想被接受的程度与表现出来的活力相匹配。当你开始塑造、提升、发展演讲能力时，你便能撬动许多以往你无法撼动的人、事、物。这也是我写作本书的目的，通过演讲让更多人的生命富有力量，让更多人因为演讲多一分本该有的气质。

这本书的诞生，不只源于我这些年的积累、探索、思考，还离不开我身边的那些智慧友人的帮助。

一天，伟事达中国区执行合伙人吴强寄来一本他的新著《跟道德经学领导力》，还问我是否想过出书。他在前言里说，他的成书纯属偶然，是被学员"逼"出来的，现在他也来"逼"我了。我要感谢他，没有他的激励，我不知何时才会想到出这本书。我也要感谢和君商学首席管理学家丛龙峰，他在刚"杀青"与领导力教练张伟俊合著的《自我察觉》的第二天，便在飞机上看完了我的全部文章。下飞机后，他就热烈地和我讨论起文章的内容。我被他的真诚击中了，也找到了成书的原动力。我要特别感谢机械工业出版社的编辑们，为出版本书提出具体方案和详细的修改建议。我要由衷地感谢给予我鼓励支持的《财富》杂志（中文版）执行主编章劢闻先生，以及我的朋友新生代领导力探索者方力。我更要感谢我的客户、听众、读者和朋友们，也是你们帮助我成就了本书。

最后，我要把这本书献给我的父亲。小时候，父亲常常把我们姐弟几个带去他的学校，在几百位师生面前表演朗诵，后来我们的"娃娃节目"居然成了压轴戏。

在成长过程中，父亲常常在不经意间用人文历史熏陶我们，餐桌旁便成了我们锻炼交谈技巧的最佳场所。最重要的是，他向我们传递了一种宝贵的思想——要大胆艺术地表达自己的想法。